가,○ 영

영원히 가치 있는
첫 성장일기

민가영 지음

헤르몬
HERMONHOUSE

—

프롤로그

올해 버킷리스트를 처음으로 선보이게 됐네요. 우선 이 책을 구매해주신 모든 분께 감사드린다는 말로 시작하고 싶습니다.

여러분들에게 긍정적이고 선한 영향력을 끼치고 싶은 사람으로서 '건강하고 행복하게 살아갈 수 있는 삶을 만들어 주자'라는 생각을 늘 가지고 살았습니다. '어떻게 하면 그런 영향력을 끼칠 수 있을까?'라는 고민 끝에 저만의 스타일로 만들어진 감사 일기책을 만들어 봐야겠다는 생각이 들어 바로 출판사와 미팅을 잡고 실천에 옮기기 시작하였습니다.

아침마다 저는 감사일기를 씁니다. 하루를 시작하기 전 짧은 5분이라는 시간을 투자해 감사일기를 쓰고 자극이 될 만한 좋은 글귀를 읽음으로써 하루를 긍정적으로 시작할 수 있었습니다. 작은 거 하나에도 감사할 수 있는 시간이 생긴 이후로 제 하루를 더 의미 있게 보내게 되고 더 열심히 살게 되더라고요.

결론적으로 365일 꾸준히 감사일기를 써 본 결과,
1. 주변의 사소한 것들도 감사하고 소중하게 생각하면서 부정적인 감정을 제어할 수 있는 능력이 생겼고, 자신을 잘 이해하고 자존감이 높아졌어요.
2. 안 좋은 상황이 일어났을 때도 긍정적인 태도를 유지하면서 스트레스와 불안을 줄일 수 있었어요.
3. 주변 사람들에게 감사를 표현하니, 저라는 사람 자체가 친절하고 좋은 사람이라는 인식이 생겼고, 관계를 개선할 수 있었어요! 그리고 감사일기를 쓰고 난 후부터는 기분 좋게 푹 잘 수 있었어요. 알고 보니 일부 연구에 따르면, 감사는 수면에 긍정적인 영향을 준다고 해요.

이렇게 정말 많이 변화되는 자신을 보게 되었습니다. 그래서 현재의 삶에 지치신 분들께 혹은 변화가 필요한 분들께 도움이 됐으면 좋겠다는 생각으로 감사일기를 출간하게 됐습니다.

독자들이 이 책에 투자하는 시간이 절대 후회되지 않도록, 재밌게 즐기면서 어렵지 않게 적을 수 있는 여러 가지 질문들도 구성하였으니 마음 편하게 책을 즐기시길 바라는 마음입니다.

이 책을 통해 많은 사람이 변화되어 가는 것을 꿈꿔 봅니다.

하루의 시작은 아침이라고 생각합니다.

아침에 일어날 때 기분 좋고 상쾌하게 일어난다면 온종일 좋은 컨디션을 유지할 수 있는 것처럼, 아침의 시작도 감사일기와 긍정 확언을 외치고 시작한다면 종일 행복하고 긍정적인 삶을 살 수 있을 거예요.

부정이 긍정보다 더 강력하다는 사실을 알고 있나요?

우리는 부정에 지배 당하지 않기 위해 긍정적인 말을 쓰고 또 쓰고 읽고 더 읽고를 반복해야 합니다. 하루에 긍정적인 말을 세 가지씩만 읽어도 당신의 삶에 놀라운 변화들이 많이 생겨날 거예요.

아침에 일어나서 심호흡 한번 크게 하고 5분이라는 짧은 시간을 내어 1년 동안 투자해 보세요. 어느새 나는 바뀌어 있을 것입니다!

'포기하자'만 외쳤던 내가 '해보자'로….

—

긍정 확언을 외쳐야 하는 이유

우선 긍정 확언이란?

나에 대해 확신을 담아 긍정적인 말을 해주는 것입니다.

우리의 긍정적 결과를 막는 것은 대부분 부정적인 무의식에서 시작되는데 이러한 상황에서 긍정 확언을 통해 마음 깊숙이 자리 잡고 있던 부정적인 무의식을 긍정적으로 변화하게 할 것입니다.

하지만 부정적 무의식이 긍정적으로 바뀌려면 쉽지 않습니다.

무의식은 오랜 시간 습관으로 굳어진 경우가 많기 때문에, 하루아침에 바뀌기가 쉽지 않다는 말이죠. 때문에 300일간의 꾸준한 훈련이 필요합니다.

처음엔 내재한 부정적인 무의식들을 깨닫는 시기라 그 존재를 인식하고 '나'라는 사람 속에 있는 무의식들을 객관적으로 인식하여 바꿀 준비를 해야 합니다. 어느 정도 꾸준히 계속 기록하다 보면 부정적 무의식이 긍정적인 방향으로 바뀌지는 시기가 올 것입니다. 그리고 책의 기록을 거의 다 써나갈 때 쯤이면 긍정적인 행동이 무의식으로 자리 잡게 될 겁니다.

나 자신은 물론이고 주변에도 긍정적인 영향을 끼치기 시작할 것이라고 확신합니다.

이 노트를 어떻게 적는지에 대한 예시

+ 001

❶ 📅 DATE   2023 . 02 . 06

⏰ Get Up   05 : 45

❷
용기 있는 사람은 두려움을 느끼지 않는 사람이 아니라
'두려움을 정복하고 압도하여 뛰어넘는 사람'이다.
-넬슨 만델라-

❸ ☀ 긍정 확언 3가지

1. 나는 가치있는 사람이다.
2. 나는 항상 필요한 모든 것을 가진다.
3. 내가 사랑하는 일을 하면, 돈과 풍요는 자연스럽게 내게로 온다.

긍정 확언 필사 다시 쓰기

1. 나는 가치 있는 사람이다.
2. 나는 항상 필요한 모든 것을 가진다.
3. 내가 사랑하는 일을 하면 돈과 풍요는 자연스럽게 내게로 온다

❹ Q & A

지금 시간 관리를 잘 하고 있는가?

> 네! 아침에 일어나서 해야 할 일 리스트를
> 한 번 더 체크하면서 시간관리를 조금 더 타
> 이트하게 관리하고 있습니다!
> 매일 체크리스트를 작성하니까 더 체계적으
> 로 의미 있게 보내게 되더라고요 :)

❺ 감사일기 쓰기

1. 하루를 일찍 시작할 수 있음에 감사해요.
2. 짜투리 시간을 활용해서 의미 있는 아침 시간을 보낼 수 있음에 감사해요.
3. 따뜻하게 자고 일어날 수 있음에 감사해요.
4. 부족함 없이 지낼 수 있음에 감사해요.

❻ 🌙 칭찬일기 쓰기

오늘 계획했던 일을 다 끝내서 참 대견해!

❼
오늘의 나를 뒤돌아보는 시간

오늘 하루는 계획했던 일정대로 착착 이루어졌지만, 휴식시간이 너무 짧은 거 같다.
내일은 쉬엄쉬엄 휴식도 하면서 해야겠다.

❶
오늘의 날짜와
일어난 시간을 적어요.

❷ 오늘의 명언
일기를 쓰기 앞서 명언을
한 번 쭉 읽어 보고, 마음에
되새겨 보아요.

❸ 긍정확언 따라 쓰기
칸을 활용해 긍정확언을 따라 써 보세요.
사각사각 확언을 따라 쓰다 보면
마음이 편해지고, 자연스럽게 아침을
기분 좋게 시작할 수 있을 거예요.

❹ 포스트잇 활용하기
아침질문을 받고 생각하는 시간을
가져보세요.
포스트잇이 있다면 생각정리 후
자필로 쓰고 붙여도 좋아요.

❺
아침에 일어나서 감사한 일 4가지를
생각하며 써 봅니다.
정말 아무거나 좋아요.

❻
하루동안 있었던 일들 중 자신을 칭찬하는
글을 써 봅니다.
작은 일이라도 좋아요.
자신을 칭찬하면서 자존감 높이기!

❼
오늘 하루 중 혹시라도
뉘우쳐야 할 일이 있거나
깨달은 점에 대해 기록해 봅시다.

—

독서 Check

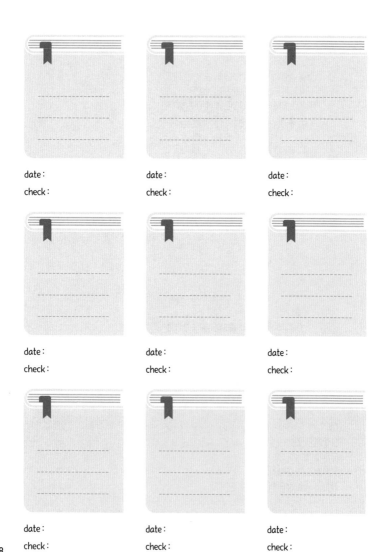

date :
check :

date :
check :

date :
check :

date :
check :

date :
check :

date :
check :

date :
check :

date :
check :

date :
check :

📖 독서 습관을 기르기 위해 읽은 책의 제목과 날짜, 간단한 소감을 기록해 보세요.

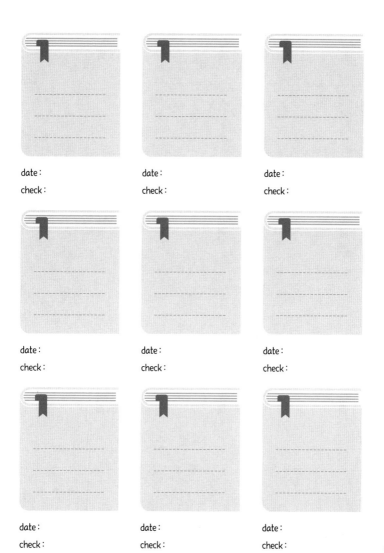

date :

check :

date :

check :

date :

check :

date :

check :

date :

check :

date :

check :

date :

check :

date :

check :

date :

check :

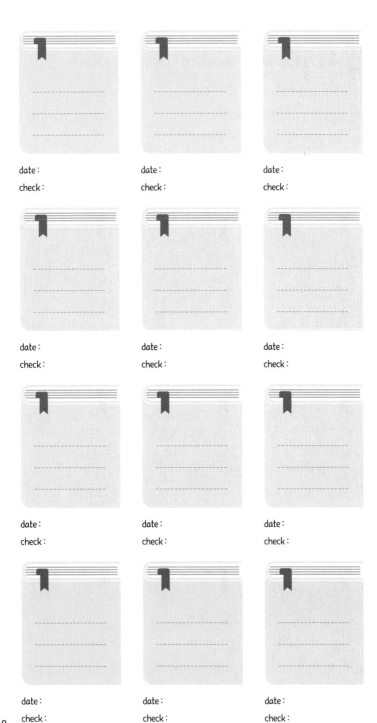

date :
check :

date :
check :

date :
check :

date :
check :

date :
check :

date :
check :

date :
check :

date :
check :

date :
check :

date :
check :

date :
check :

date :
check :

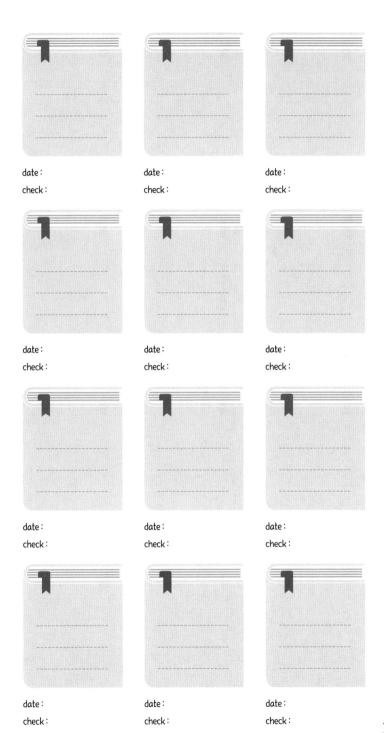

date :
check :

date :
check :

date :
check :

date :
check :

date :
check :

date :
check :

date :
check :

date :
check :

date :
check :

date :
check :

date :
check :

date :
check :

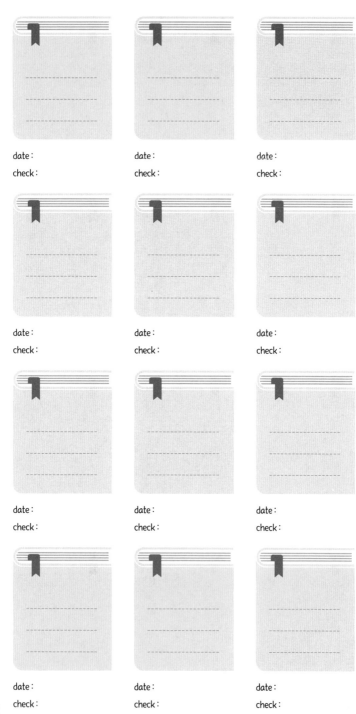

date :
check :

date :
check :

date :
check :

date :
check :

date :
check :

date :
check :

date :
check :

date :
check :

date :
check :

date :
check :

date :
check :

date :
check :

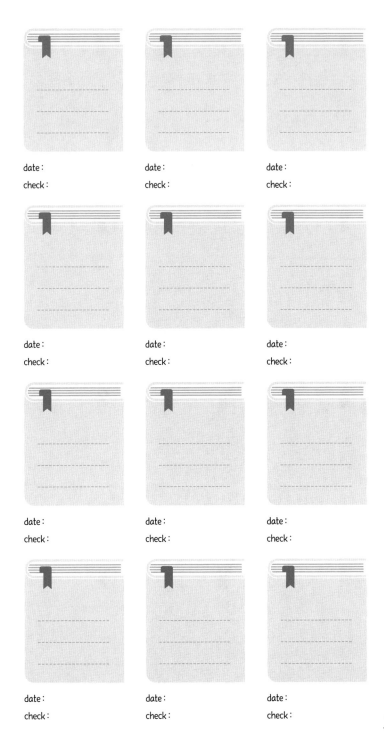

date :
check :

date :
check :

date :
check :

date :
check :

date :
check :

date :
check :

date :
check :

date :
check :

date :
check :

date :
check :

date :
check :

date :
check :

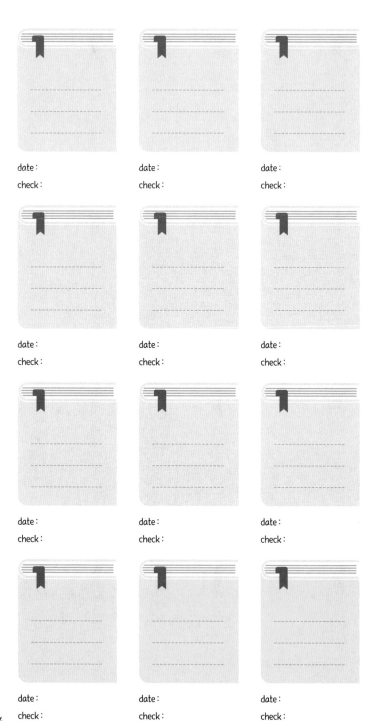

date :
check :

date :
check :

date :
check :

date :
check :

date :
check :

date :
check :

date :
check :

date :
check :

date :
check :

date :
check :

date :
check :

date :
check :

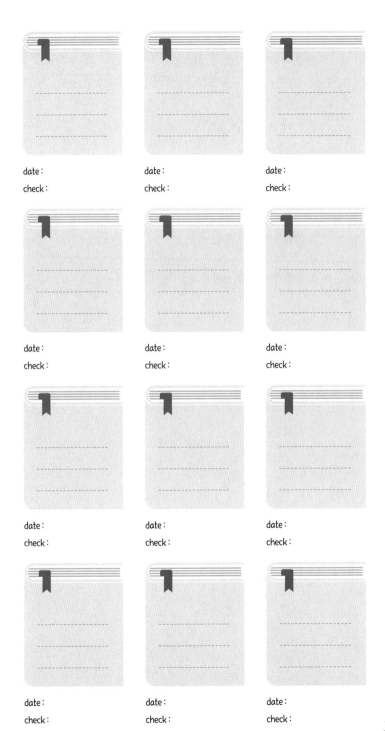

date :

check :

date :

check :

date :

check :

date :

check :

date :

check :

date :

check :

date :

check :

date :

check :

date :

check :

date :

check :

date :

check :

date :

check :

—

차례

[책 제목 짓기]

제목을 짓기까지 굉장히 오랜 시간이 걸렸습니다. 당시 어떻게 지으면 가장 최고의 제목이 탄생할 수 있을지 수 없이 고민하다 인스타그램 스토리에 제목 추천이라는 질문받기를 통해 팔로워들이 많은 제목을 추천해 주셨습니다. 추천해주시는 제목을 읽고 영감을 받은 뒤 탄생한 제목입니다.

'가, 0 영원히 가치 있는 첫 성장일기'

제 이름이 민가영인데, 가나다의 처음인 '가' 숫자 0, 1, 2, 3 중 제일 처음인 '0' 영원히 '가'치 있는 '첫' 성장일기.
이렇게 해서 제목이 탄생했습니다. 이 책을 사용하는 모든 독자의 인생이 영원히 가치 있게 빛날 수 있도록 응원합니다.

[감사란 무엇일까요?]

독자님들은 '감사'라는 단어를 생각할 때 가장 먼저 떠오르는 것은 무엇인가요? 저는 '감사' 하면 떠오르는 생각은 삶을 변화시키는 에너지를 가진 '고마움'과 소중함'이 결합 된 것으로 생각됩니다.
우리는 보통 기분 좋은 일이 생기거나, 누군가에게 도움을 받았을 때 등 고마워해야 하는 상황이 생길 때만 감사를 표현하는 경우가 많습니다. 하지만 일시적인 감사가 아니라 아침마다 5~10분 내외의 짧은 시간이라도 좋으니 감사하는 시간을 정해 계속 실천해야 합니다. 상황에 따라서만 감사하던 습관을, 매사에 감사하는 습관으로 바꾼다면 독자님들은 이제까지 경험하지 못했던 많은 변화를 겪게 될 것입니다. 이런 점에서 감사는 마치 운동 같다고 생각합니다.
운동을 단순히 바디프로필이나 대회 같은 목표를 설정해두고 예쁜 몸을 만들기 위한 수단으로만 생각하는 사람은 그 목표만 향해 달리겠지만 조금 더 시야를 넓혀 건강에 초점을 맞추고 꾸준히 운동하고 관리한다면 육체적 건강과 정신적 건강 그리고, 외적인 모습까지 여러 방면에서 힘의 원동력이 될 수 있습니다.

독자님들에게 감사는 필요에 의해서 하는 말일 수도 있고, 꾸준한 운동처럼 여러 방면에서 힘의 원천이 되는 에너지일 수도 있습니다.

감사에 익숙하지 않을 독자들을 위해
감사하는 마음가짐은 어디서부터 시작해야 할까요?
1. 상황이나 사람을 소중히 여기는 마음을 계속 유지해야 합니다.
2. 부정적이고 나쁜 생각이 들어올 틈을 주지 말아야 합니다.
3. 부정적인 마음을 긍정적인 마음으로 바꾸려는 적극적인 노력이 필요합니다.

예를 들면,
　　엘리베이터가 고장 나서 계단을 올라가야 하는 상황이 짜증 나
　⇨ 엘리베이터가 고장 나서 계단으로 올라가야 하는데 운동도 되고
　　 오히려 좋지 뭐!

이런 식으로 부정적인 마음가짐을 '오히려 좋아'라는 긍정적인 생각으로 전환해야 합니다. 모든 상황에서 긍정적인 면과 부정적인 면이 있을 수밖에 없지만, 불평으로 가득 찬 자신을 발견할 때마다 의식적으로 감사한 일을 생각할 수 있도록 노력해야 합니다.

[가영의 이야기]

이 책을 활용하기 전에 저의 이야기를 간단히 써보려 합니다.

하나. 가영만의 번 아웃 극복 방법이 궁금해요!

제가 겪은 번 아웃은 두 가지가 있는데, 첫 번째는 브레이크 밟는 방법을 몰라 쉴 틈 없이 달리다 어느 순간 확 터지는 경우였고, 다른 하나는 목표를 잡고 그 목표를 이뤄 더는 이룰 게 없을 때 오는 허탈함과 공허함이 공존할 때였습니다. 이때 제가 극복할 수 있었던 이유 몇 가지를 적어보려고 합니다.

1. 일 → 집 반복되었던 일상에 새로운 경험을 추가하려고 노력했어요.

   보통 혼자 있는 시간이 많았는데 본가로 내려가 가족과 함께 일주일 가량 있으면서 누군가의 보살핌을 받았고, 국내 여행도 여기저기 다녀 왔어요. 확실히 환경이 바뀌니 생각이 바뀌고 몸을 바쁘게 움직여 주니까 잡생각이 많이 없어졌습니다.

2. 미래에 대한 고민이 많았던 마음을 내려놓고 현재에 집중하는 시간을 많이 가졌어요.

   워낙 완벽주의자에 미래지향적인 성격이라 늘 미래에 대해 걱정만 했었고, 지금도 열심히 사는 이유는 모두 미래를 향한 생각 때문이죠. 하지만 이런 것들이 쌓이고 쌓여 강박증이 생기고, 이 강박증 때문에 스스로 너무 힘들게 했던 거죠.

3. 너무 높게만 잡았던 목표보다 현재 가진 것에 감사하기

   나에 관한 기준점이 매우 높았기에 생각하는 거 이상으로 목표를 높게만 잡았어요. 물론 높은 목표를 잡고 차근차근히 한 발짝씩 다가가는 것도 좋지만 현재에 이뤘던 것, 가진 것에 감사하는 마음을 가지니 훨씬 행복해지더라고요.

4. 자신에 대한 엄격함을 자신에 대한 사랑으로 바꾸기

   남들에겐 관대하지만 정작 나에겐 너무나도 엄격했기에 마음을 내려놓고 완벽하지 않은 나 자체 그대로를 사랑해 줄 수 있는 마음을 키웠어요.

5. 최대한 빨리 몸을 움직이기

   움직이지 않으면 무기력함에 짓눌려 아무것도 하지 않는 시간이 늘어날 뿐이니 집안일이든 뭐든 움직이는 게 중요해요! 그리고 그 기분에 속지 않으려고 노력했어요. 우울한 기분이 영원히 지속하는 것은 아니므로 이 기분을 내가 5분 안에 바꿀 수 있다고 생각했어요.

6. 좋아하는 음악을 듣거나 취미 생활하기

   정말 많이 들은 뻔한 이야기이지만, 좋아하는 음악을 들으면 치유가 되고 위로받습니다. 취미로 운동을 했었는데, 확실히 운동하면서 엔

도르핀이 분비돼서 기분이 좋아져요.

위와 같이 제가 번 아웃을 느꼈을 때 극복할 수 있었던 방법을 소개했습니다. 현재의 저는 더는 번 아웃이 오지 않도록 예방하는 방법을 터득해 잘 실행하고 있습니다. 더불어, 예방하는 방법에 대해서도 간략하게 설명하면, 바로 '디로딩 시간'을 갖는 것입니다.
디로딩(deloading)이란 '내려놓는', '뒤로 물러나는' 등의 뜻으로 촘촘하게 짜인 계획과 일에서 물러나 컨디션을 조절하고 회복하는 방법입니다.

우리는 항상 바쁘고 쉴 새 없이 무언가를 하려고 노력합니다. 여유 시간이 생겼을 때도 뭔가 해야 할 것이 없는지 찾는 등, 잠시라도 여유를 갖지 못합니다. 저 또한 그랬고요.
여유가 생기면 다른 할 일에 집착하며 여유가 생기는 것을 두려워했습니다. 하지만 여유 시간이 생겼을 때 시간 걱정하지 않고 길을 쭉 걸어보거나 나만의 주제를 정해 나만의 시간을 가지면, 신기하게도 아이디어와 깨달음이 마구마구 떠올랐습니다. 이처럼 디로딩 시간을 의도적으로 만들었을 때 삶의 과부하를 예방할 수 있고 더 나은 삶을 위한 속도를 낼 수 있습니다. 그러니 잠시 앞으로 가는 것을 멈추고 감사일기를 쓰든, 운동하든, 명상하든, 나만의 시간을 꼭 만들면 좋겠습니다.

둘. 가영만의 자존감을 높이는 방법은 무엇인가요?

한때 저는 자존감이 그렇게 높지 않은 사람이었어요. 하지만 지금은 전혀 아닙니다. 자존감이 낮음을 인정하고 높이기까지는 생각보다 매우 힘들었습니다.
솔직하게 생각해 봅시다. 혼자 아무 이유 없이 자존감이 낮아졌을 리는 분명히 없을 거예요. 주변 사람들의 영향이 있었을 것인데. 가깝게는 가족, 친구, 직장 동료 등등. 주변에 혹시 겉으로만 친한 척하며 불필요한 과시를 하거나, 시기 질투하거나, 나를 존중해 주지 않는 사람들 속에 있는지 생각해 봐요. 그런 사람들 속에서 눈치 보며 지내다 보면 남의 시선과 외면에만 힘을 쏟게 돼요. 주변 영향 때문에 낮아지게 된 자존감은 주변 사람을 통해 다시 회복할 수 있습니다. 내가 어떤 사람들과 생각과 삶을 공유할 것인지, 우리는 선택할 수 있고 그런 사람들이 있는 곳에 직접 찾아가면 됩니다. 바로 주변 환경, 주변 사람 바꾸기인데요. 주변에 나를 늘 응원해주고 잘 하고 있다고 격려해주는 사람이 한 명이라도 있다면 다행이지만 그런 사람이 없다면 좋은 사람들이 있는 곳을 찾아보세요. 저에게 그런 사람 중 가장 큰 존재는 가장 친한 언니인 '멉씨' 언니와 함께 하는 독서시간 그리고 두 번째 운동하면서 만난 사람들이었습니다.

운동을 취미로 두고 자기 자신을 가꾸고 더 나은 삶을 꿈꾸는, 운동하는 사람들은 그전의 나의 자존감을 깎아 먹던 몇몇 사람들과는 근본적으로 달랐습니다. 서로를 존중하고, 인정하며 칭찬해 주었고 늘 좋은 의도로 서로의 이야기를 들어준다는 건강한 마인드를 가진 사람들이 대부분이 었기에 남의 시선이나 눈치를 보기보다는 내면에 집중할 수 있게 해주었어요. 그리고 가장 친한 언니인 '멉씨' 언니와 독서시간엔 특별한 규정이 없었지만, 책이라는 규칙 안에서 우리는 서로를 존중하고 이해하며 서로의 자존감을 지켜주고 올려주었습니다. 긍정적인 기운을 받고 서로에게 좋은 자극이 되어주면 해내지 못할 것 같았던 일들도 잘 해낼 수 있게 됩니다.

환경도 사람도 내가 선택할 수 있습니다. 조금의 용기는 필요하겠지만 그 조금의 용기로 내 삶에 내가 주인공이 된다면 기꺼이 있는 힘껏 용기 내서 다가가 봐야겠지요? 독자님들 주변엔 어떤 사람들을 둘 것인가요? 직접 선택할 수 있습니다. 나의 가치를 인정해 줄 수 있는 주변 사람부터 바꾸세요.

셋. 가영은 어떻게 책과 친해지게 됐나요?

저는 원래 책을 한 권도 읽지 않는 사람이었어요. 독서와는 거리가 완전히 먼 사람이었죠. 어느 날 친구와 약속 장소에 조금 일찍 도착해 주변을 둘러보던 중 교보문고가 눈에 들어오더군요. 사실 교보문고에서 책을 구경하기보단 교보문고 옆에 붙어있는 핫트랙스에서 문구류 들을 구경하고 싶은 욕구가 더 컸었죠. 들어가서 이것저것 둘러 보던 중 우연히 베스트셀러 존을 구경하게 되었는데 이때부터 저의 첫 독서가 시작됩니다. 시작은 정말 단순했어요. 처음 구매했던 책은 베스트셀러도 아니었고 누군가 추천해준 책도 아니었지만, 책 제목이 너무 인상 깊어 저의 눈길을 사로잡았습니다.

제목은 〈죽고 싶다는 말은 간절히 살고 싶다는 뜻이었다〉라는 책이었어요. 이 책을 읽은 뒤부터 꾸준히 에세이 위주로 독서를 해 나갔습니다. 뻔한 얘기만 하는 것 같지만 작가마다 다르게 풀어낸 내용을 내 것으로 소화하는 것도 재밌었고 에세이 분야의 각 영역을 파고드는 주제로 읽어 나가는 것도 재미있었어요. 무엇보다 에세이를 읽으면서 저의 멘탈이 케어되고 위로받고 변하고 있다는 사실이 느껴져 더 좋아지기 시작했습니다.

독서는 한 권만 읽고 끝낼 것이 아니라 꾸준히 지속하여야 빛을 볼 수 있다고 생각합니다. 그래서 처음 책을 접하시는 분들이라면 쉬운 책으로 시작해서 재미를 붙여야 합니다.

내 수준과 흥미에 맞춰 재미를 느낄만한 책을 고르는 것이 가장 중요합니다.

p.s. 책 한 권을 온전히 내 것으로 만드는 방법
1. 책의 처음부터 끝까지 집중해서 쭉 읽는다.
2. 두 번째로 읽을 땐 중요하게 생각했던 부분을 밑줄 그으면서 다시 읽는다.
3. 세 번째 읽을 땐 중요하게 생각했던 밑줄 친 부분들만 다시 읽는다.
4. 이 책을 읽고 난 뒤의 느낀 점을 써 본다.

총 4단계를 거쳤을 때 우리 뇌에서는 오랫동안 책의 내용을 간직할 수 있습니다. 책 내용을 오로지 내 것으로 만들고 싶다면 위의 독서 방법 꼭 추천합니다!

넷. 가영은 성공하려면 어떻게 해야 한다고 생각하나요?

1. 성공하고 싶은 이유 정리하기
　　도대체 내가 왜? 성공하고 싶은지 생각해 봐야 합니다.
　　이유의 확신이 강력할 경우 성공의 확률이 높아집니다.
　　저 같은 경우 성공하고 싶은 이유는 저를 통해 어렵게 사는 모든 이들에게 도움과 희망을 주고 싶고 그 도움과 희망을 통해 그들의 인생이 바뀐다면 그것만큼 뿌듯하고 행복한 일은 없을 것 같다고 늘 생각했어요.

2. 다양한 경험 쌓아보기
　　조금이라도 해보고 싶은 일이 생긴다면 다 해보라고 말해주고 싶어요.

저도 해보고 싶은 일은 뭐든 도전해봤던 편인데, 막상 해보니 제가 기대한 거랑 다르게 잘 맞지 않는 것도 있었고 오히려 맞을까 두려웠었던 일 중 생각보다 잘 맞는데? 싶은 일도 있었어요. 바로 이런 '경험'들을 쌓아가면서 20대에 내가 좋아하는 것, 내가 잘하는 것들을 찾아야 해요!

생각했던 것과 직접 해보면서 깨닫는 건 너무나도 다르답니다.

3. 독서 습관화하기

무수히 많은 시행착오를 줄일 수 있는 유일한 방법 한가지가 '독서'입니다. 이미 한 분야에서 정상을 찍어본 사람들이 인생을 살면서 얻은 것들을 모아둔 게 '책'이라고 생각해요.

엽떡 한 통 값으로 시행착오를 줄일 수 있다면 자신에게 하는 최고의 투자라고 생각해주세요.

4. 구체적인 목표 설정 후 실행계획 세우기

자신이 이루고자 하는 목표를 설정

ex) 올해 책 출간하기

ex) 인스타그램 팔로워 200K 달성하기

ex) 7월에 열리는 피트니스 대회 도전하기

구체적인 실행 계획 세우기

ex) 하루에 한 번씩 10분에서 60분 정도로 독서하고 글쓰기 연습하기

ex) 매일 진정성을 담아 인스타 '소통' 하고 매일 가치를 제공하는 콘텐츠를 만들어서 공유하기

ex) PT 시작, 트레이너 선생님과 매일 소통하며 식단, 운동하기

이런 식으로 목표를 한 달 단위, 하루 단위로 쪼갠 후 매일 해야 하는 일들은 정리하면서 하게 되면 매우 많은 도움이 될 거예요!

5. 실패도 '많이' 해보고 될 때까지 '반복' 하기

처음 실행하는 일이라면 보기 좋게 실패할 가능성이 매우 커요. 근데 그건 당연한 일입니다. 처음 하는데 어떻게 한 번에 완벽하게 성공하겠어요?

처음 다이어트를 할 때 이렇게 식단을 해보고, 저렇게 식단을 해보며 저에게 가장 잘 빠지는 다이어트 방법을 찾는 거처럼 실패와 경험으

로 배웠고, 다이어트뿐 아니라 마케팅 부분에서도 수많은 책을 읽으
며 공부했습니다. 모르는 건 미친 듯이 배우고, 넘어지면 잠깐 아파하
다가 다시 털고 일어나면 그만입니다.

다섯. 가영의 아침 루틴이 궁금해요!

저의 아침 루틴은

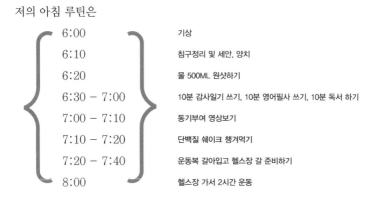

6:00	기상
6:10	침구정리 및 세안, 양치
6:20	물 500ML 원샷하기
6:30 - 7:00	10분 감사일기 쓰기, 10분 영어필사 쓰기, 10분 독서 하기
7:00 - 7:10	동기부여 영상보기
7:10 - 7:20	단백질 쉐이크 챙겨먹기
7:20 - 7:40	운동복 갈아입고 헬스장 갈 준비하기
8:00	헬스장 가서 2시간 운동

저는 시간이 금이라고 생각합니다.
때문에 자투리 시간 하나하나를 활용합니다.
남들보다 더 일찍 일어나 새벽 시간을 활용하고
오전에 자기계발 시간을 주로 가집니다.
흔히 알고 계신 미라클모닝이 바로 이것입니다!
이렇게 아침을 시작하면 삶의 의욕이 더 생깁니다!
아침은 내 몸과 정신이 가장 맑을 때입니다.
이 시간을 잘 활용한다면
하루를 작은 성취감으로 시작하게 되어
일할 때도 그 시간에 더욱 집중하고
그 역할들에 최선을 다하고 싶은 선순환이 시작됩니다.
미라클모닝을 직접 실천해보면 깨닫게 될 것입니다.
왜 새벽에 일찍 일어나야 하는지,
왜 성공하는 사람들이 새벽에 일어나
다른 사람들보다 빨리 하루의 시작을 하는지!

나와의 약속

용기 있는 사람은 두려움을 느끼지 않는 사람이 아니라
'두려움을 정복하고 압도하여 뛰어넘는 사람'이다.
-넬슨 만델라-

☀ 긍정 확언 3가지

1. 나는 가치있는 사람이다.
2. 나는 항상 필요한 모든 것을 가진다.
3. 내가 사랑하는 일을 하면, 돈과 풍요는 자연스럽게 내게로 온다.

긍정 확언 필사 다시 쓰기

1. _____
2. _____
3. _____

Q & A

지금 시간 관리를 잘 하고 있는가?

감사일기 쓰기

1. _____
2. _____
3. _____
4. _____

🌙 칭찬일기 쓰기

_____

오늘의 나를 뒤돌아보는 시간

+002

DATE ＿＿＿. ＿＿＿. ＿＿＿.

Get Up ＿＿＿:＿＿＿

크게 실패할 용기있는 자만이
크게 이룰 수 있다.
-존 F. 케네디-

☼ 긍정 확언 3가지

1. 나 자신에게 감사한다 .
2. 나는 무한한 방식으로 생각하고 꿈꾼다.
3. 매일 내 인생은 기적과 마법으로 가득 채워진다.

긍정 확언 필사 다시 쓰기

1. ＿＿＿＿＿＿＿＿＿＿＿＿＿＿＿＿＿＿＿＿＿＿＿＿＿＿＿＿
2. ＿＿＿＿＿＿＿＿＿＿＿＿＿＿＿＿＿＿＿＿＿＿＿＿＿＿＿＿
3. ＿＿＿＿＿＿＿＿＿＿＿＿＿＿＿＿＿＿＿＿＿＿＿＿＿＿＿＿

Q & A

나를 위해 환경을 변화시키고 있는가?

감사일기 쓰기

1. ＿＿＿＿＿＿＿＿＿＿＿＿＿＿＿＿＿＿＿＿＿＿＿＿＿＿＿＿
2. ＿＿＿＿＿＿＿＿＿＿＿＿＿＿＿＿＿＿＿＿＿＿＿＿＿＿＿＿
3. ＿＿＿＿＿＿＿＿＿＿＿＿＿＿＿＿＿＿＿＿＿＿＿＿＿＿＿＿
4. ＿＿＿＿＿＿＿＿＿＿＿＿＿＿＿＿＿＿＿＿＿＿＿＿＿＿＿＿

☾ 칭찬일기 쓰기

＿＿＿＿＿＿＿＿＿＿＿＿＿＿＿＿＿＿＿＿＿＿＿＿＿＿＿＿＿＿＿

오늘의 나를 되돌아보는 시간

+003

📅 DATE _____. _____. _____.

⏰ Get Up _____:_____

사람은 스스로 믿는 대로 된다.
만약 어떤 것도 할 수 없다고 믿으면, 그 믿음은 아무것도 할 수 없도록 만든다.
그러나 내가 할 수 있다고 믿으면 어떤 일이든 할 수 있는 능력을 얻게 된다.
-마하트마 간디-

☀ 긍정 확언 3가지

1. 나의 길은 중요하다.
2. 나는 기쁨과 활력, 평화와 사랑이 넘친다.
3. 매사 창조하는 모든 것을 사랑하고 존중한다,

긍정 확언 필사 다시 쓰기

1. _____
2. _____
3. _____

Q & A

독서하기 위해서 시간을 할애하고 있는가?

감사일기 쓰기

1. _____
2. _____
3. _____
4. _____

🌙 칭찬일기 쓰기

_____

오늘의 나를 뒤돌아보는 시간

DATE _____. _____. _____.

Get Up _____:_____

아무리 약한 사람이라도 단 하나의 목적에
자신의 온 힘을 집중함으로써 무엇인가 성취할 수 있다.
반면에 아무리 강한 사람이라도 그의 힘을 많은 목적에 분산하면 어떤 것이나 성취할 수 없다.
-토머스 칼라일-

🔆 긍정 확언 3가지

1. 나는 내 운명의 주인이다.

2. 내게는 원하는 모든 것을 실현할 힘이 있다.

3. 나 자신을 바꿈으로써 주변 세상을 변화시킨다.

긍정 확언 필사 다시 쓰기

1. _____

2. _____

3. _____

Q & A

건강 관리를 위해 운동하고 있는가?

감사일기 쓰기

1. _____

2. _____

3. _____

4. _____

🌙 칭찬일기 쓰기

_____

오늘의 나를 뒤돌아보는 시간

어떤 사람은 자신이 늘 불행하다고 탄식한다.
행복을 깨닫지 못하기 때문이다.
행복은 누가 주는 것이 아니라 스스로 찾는 것이다.
-도스토옙스키-

☀ 긍정 확언 3가지

1. 나는 운이 좋은 사람이다.
2. 지금 있는 그대로 나 자신을 수용하고 사랑한다.
3. 내가 애쓰지 않아도 모든 좋은 것이 내게로 다가오고 있다.

긍정 확언 필사 다시 쓰기

1. _____
2. _____
3. _____

Q & A

가족들에게 잘 하고 있는가?

감사일기 쓰기

1. _____
2. _____
3. _____
4. _____

🌙 칭찬일기 쓰기

_____

오늘의 나를 뒤돌아보는 시간

> 많은 인생의 실패자들은 포기할 때 자신이 성공에서
> 얼마나 가까이 있었는지 모른다.
> **-토머스 A. 에디슨-**

☀ 긍정 확언 3가지

1. 나에게 불가능한 일이란 없다.
2. 내 일상은 재미있고 의미 있는 활동으로 충만하다.
3. 모든 일에 사랑과 긍정적인 태도를 부여한다.

긍정 확언 필사 다시 쓰기

1. _____
2. _____
3. _____

Q & A

언제 가장 행복한가?

감사일기 쓰기

1. _____
2. _____
3. _____
4. _____

🌙 칭찬일기 쓰기

_____

오늘의 나를 뒤돌아보는 시간

실수를 저지른 적이 없는 사람은
새로운 것을 시도해 본 적이 없는 것이다.
-아인슈타인-

☀ 긍정 확언 3가지

1. 나는 나날이 점점 더 좋아진다.
2. 나에게는 가치 있는 기술과 재능이 넘쳐난다.
3. 나 자신과 내가 가진 모든 것에 감사한다,

긍정 확언 필사 다시 쓰기

1. _____
2. _____
3. _____

Q & A

나에게 공간은 어떤 의미인가?

감사일기 쓰기

1. _____
2. _____
3. _____
4. _____

☾ 칭찬일기 쓰기

_____

오늘의 나를 뒤돌아보는 시간

+008

> 눈앞의 실패에 좌절하지 않을 수 있는 장기 목표를
> 반드시 가지고 있어야 한다.
> **-찰스 C. 노블-**

☀ 긍정 확언 3가지

1. 나는 원하는 것을 가질 수 있다.
2. 나는 삶의 과정을 신뢰하고 마음이 편안하다.
3. 나는 매일 변화하며 성장한다.

긍정 확언 필사 다시 쓰기

1. _____
2. _____
3. _____

Q & A

오늘 가장 편안했던 순간은 언제인가?

감사일기 쓰기

1. _____
2. _____
3. _____
4. _____

🌙 칭찬일기 쓰기

_____

오늘의 나를 뒤돌아보는 시간

📅 DATE ＿＿. ＿＿. ＿＿.

⏰ Get Up ＿＿:＿＿

행동하는 사람 2%가 행동하지 않는 98%를 지배한다.
-지그 지글러-

☀️ **긍정 확언 3가지**

1. 나는 항상 나 자신을 칭찬한다.
2. 나의 시간과 에너지를 가치 있게 여긴다.
3. 나는 사랑으로 빛나는 존재이다.

긍정 확언 필사 다시 쓰기

1. ＿＿＿＿＿＿＿＿＿＿＿＿＿＿＿＿＿＿＿＿＿＿＿＿
2. ＿＿＿＿＿＿＿＿＿＿＿＿＿＿＿＿＿＿＿＿＿＿＿＿
3. ＿＿＿＿＿＿＿＿＿＿＿＿＿＿＿＿＿＿＿＿＿＿＿＿

Q & A

나를 사랑한다는 것은 무엇일까?

감사일기 쓰기

1. ＿＿＿＿＿＿＿＿＿＿＿＿＿＿＿＿＿＿＿＿＿＿＿＿
2. ＿＿＿＿＿＿＿＿＿＿＿＿＿＿＿＿＿＿＿＿＿＿＿＿
3. ＿＿＿＿＿＿＿＿＿＿＿＿＿＿＿＿＿＿＿＿＿＿＿＿
4. ＿＿＿＿＿＿＿＿＿＿＿＿＿＿＿＿＿＿＿＿＿＿＿＿

🌙 **칭찬일기 쓰기**

＿＿＿＿＿＿＿＿＿＿＿＿＿＿＿＿＿＿＿＿＿＿＿＿＿

오늘의 나를 뒤돌아보는 시간

+010

DATE _____ . _____ . _____ .

Get Up _____ : _____

나는 실패한 적이 없다.
어떤 어려움을 만났을 때 거기서 멈추면 실패가 되지만,
끝까지 밀고 나가 성공하면 실패가 아니기 때문이다.
-마쓰시타 고노스케-

☼ 긍정 확언 3가지

1. 나는 결정을 잘하는 사람이다.
2. 생각을 바꾸면 인생이 바뀐다는 것을 안다.
3. 나는 긍정적인 에너지로 가득 하다.

긍정 확언 필사 다시 쓰기

1. _____
2. _____
3. _____

Q & A

어떤 공동체에서 함께 하고 싶은가?

감사일기 쓰기

1. _____
2. _____
3. _____
4. _____

☾ 칭찬일기 쓰기

_____

오늘의 나를 뒤돌아보는 시간

36

지금부터 무엇이든 잘 풀리고 모든 상황은 좋아질 것이다.
비록 삶은 고난으로 가득하지만,
사람은 그 모든 고난을 극복할 수 있는 힘을 가지고 있다.
-헬렌켈러-

☀ 긍정 확언 3가지

1. 내게는 좋은 것들만 모여든다.

2. 언제나 나 자신을 위한 최고의 선택을 한다.

3. 내 인생의 모든 장애물은 사라진다.

긍정 확언 필사 다시 쓰기

1. _____

2. _____

3. _____

Q & A

나를 가장 미소짓게 하는 것은 무엇인가?

감사일기 쓰기

1. _____

2. _____

3. _____

4. _____

🌙 칭찬일기 쓰기

_____

오늘의 나를 뒤돌아보는 시간

+012

고통이 남기고 간 뒤를 보라,
고난이 지나면 반드시 기쁨이 스며든다.
-괴테-

☼ 긍정 확언 3가지

1. 나의 아름다운 인생에 감사한다.
2. 언제나 나 자신을 위한 최고의 선택을 한다.
3. 모든 상실에는 반드시 얻음이 있다.

긍정 확언 필사 다시 쓰기

1. _____
2. _____
3. _____

Q & A

나는 살아오면서 어떤 것을 배웠나?

감사일기 쓰기

1. _____
2. _____
3. _____
4. _____

🌙 칭찬일기 쓰기

_____

오늘의 나를 뒤돌아보는 시간

+013

> 1년 전에 당신이 걱정했던 것들을 기억하는가? 그것들은 어떻게 되었나?
> 대부분 걱정으로 얻은 것은 별로 없지 않았나?
> 그리고 결국 대부분 잘 해결되지 않았나?
> **-데일 카네기-**

☀ 긍정 확언 3가지

1. 내가 원하는 것을 쉽게 창조한다.
2. 내가 하는 모든 것이 내게 활력과 성장을 가져다준다.
3. 나의 지금 모습 이대로 좋다.

긍정 확언 필사 다시 쓰기

1. ＿＿＿＿＿＿＿＿＿＿＿＿＿＿＿＿＿＿＿＿＿＿＿＿＿＿
2. ＿＿＿＿＿＿＿＿＿＿＿＿＿＿＿＿＿＿＿＿＿＿＿＿＿＿
3. ＿＿＿＿＿＿＿＿＿＿＿＿＿＿＿＿＿＿＿＿＿＿＿＿＿＿

Q & A

두려움이 없어진다면 지금 당장 하고 싶은 일은?

감사일기 쓰기

1. ＿＿＿＿＿＿＿＿＿＿＿＿＿＿＿＿＿＿＿＿＿＿＿＿＿＿
2. ＿＿＿＿＿＿＿＿＿＿＿＿＿＿＿＿＿＿＿＿＿＿＿＿＿＿
3. ＿＿＿＿＿＿＿＿＿＿＿＿＿＿＿＿＿＿＿＿＿＿＿＿＿＿
4. ＿＿＿＿＿＿＿＿＿＿＿＿＿＿＿＿＿＿＿＿＿＿＿＿＿＿

🌙 칭찬일기 쓰기

＿＿＿＿＿＿＿＿＿＿＿＿＿＿＿＿＿＿＿＿＿＿＿＿＿＿＿＿

> 오늘의 나를 뒤돌아보는 시간

📅 DATE _____. _____. _____.

⏰ Get Up _____ : _____

자신이 얼마나 강한지 깨닫는 유일한 방법은
끊임없이 스스로의 한계를 테스트 해보는 것.
-영화 man of steel-

☀ 긍정 확언 3가지

1. 모든 사람의 성공이 나의 성공에 기여한다.
2. 모든 것이 완벽한 시간에 완벽한 방식으로 내게로 온다.
3. 몇 살이든 나는 지금 완벽한 나이이다.

긍정 확언 필사 다시 쓰기

1. _____
2. _____
3. _____

Q & A

나에게 '열정적인 하루'는 어떤 의미인가?

감사일기 쓰기

1. _____
2. _____
3. _____
4. _____

🌙 칭찬일기 쓰기

_____

오늘의 나를 되돌아보는 시간

+ 015

> 명확히 설정된 목표가 없으면 우리는 사소한 일상을 충실히 살다
> 결국 그 일상의 노예가 되고 만다.
> **-로버트 하인라인-**

☀ 긍정 확언 3가지

1. 내게는 인내력과 지속력이 있다.
2. 나의 창의력과 아이디어를 존중하고 소중히 여긴다.
3. 나 자신을 돌보며 배려할 줄 안다.

긍정 확언 필사 다시 쓰기

1. ＿＿＿＿＿＿＿＿＿＿＿＿＿＿＿＿＿＿＿＿＿＿＿＿＿＿＿
2. ＿＿＿＿＿＿＿＿＿＿＿＿＿＿＿＿＿＿＿＿＿＿＿＿＿＿＿
3. ＿＿＿＿＿＿＿＿＿＿＿＿＿＿＿＿＿＿＿＿＿＿＿＿＿＿＿

Q & A

나를 낭만적으로 만드는 것 세 가지는 무엇인가?

감사일기 쓰기

1. ＿＿＿＿＿＿＿＿＿＿＿＿＿＿＿＿＿＿＿＿＿＿＿＿＿＿＿
2. ＿＿＿＿＿＿＿＿＿＿＿＿＿＿＿＿＿＿＿＿＿＿＿＿＿＿＿
3. ＿＿＿＿＿＿＿＿＿＿＿＿＿＿＿＿＿＿＿＿＿＿＿＿＿＿＿
4. ＿＿＿＿＿＿＿＿＿＿＿＿＿＿＿＿＿＿＿＿＿＿＿＿＿＿＿

🌙 칭찬일기 쓰기

＿＿＿＿＿＿＿＿＿＿＿＿＿＿＿＿＿＿＿＿＿＿＿＿＿＿＿＿＿

> 오늘의 나를 되돌아보는 시간

+016

> 일과를 마친 후 만족스러웠던 날을 생각해 보라.
> 그날은 아무 할 일 없이 빈둥거렸던 날이 아니라,
> 할 일이 태산 같아도 그 일을 모두 해낸 날일 것이다.
> **-마가렛 대처-**

☀ 긍정 확언 3가지

1. 나는 스스로를 용서하고 자유롭게 한다.
2. 나는 삶의 물결 위를 애씀 없이 편안하게 흘러간다.
3. 예상치 못한, 불가능해 보일 정도로 좋은 일이 지금 일어난다,

긍정 확언 필사 다시 쓰기

1. _____
2. _____
3. _____

Q & A

자존감과 자신감의 차이는 무엇인가?

감사일기 쓰기

1. _____
2. _____
3. _____
4. _____

🌙 칭찬일기 쓰기

_____

오늘의 나를 되돌아보는 시간

+017

낙관주의는 성공으로 인도하는 믿음이다.
희망과 자신감이 없으면 아무것도 이룰 수 없다.
-헬렌 켈러-

☀ 긍정 확언 3가지

1. 매 순간 새로운 기회가 내게로 다가온다.
2. 내 삶의 목적을 매일매일 실현해 나가는 중이다.
3. 나는 돈을 끌어당기는 자석이다.

긍정 확언 필사 다시 쓰기

1. _____
2. _____
3. _____

Q & A

인간이 만든 것 중에 가장 아름다운 것은 무엇이라고 생각하는가?

감사일기 쓰기

1. _____
2. _____
3. _____
4. _____

🌙 칭찬일기 쓰기

_____

오늘의 나를 되돌아보는 시간

살아가는 기술이란, 하나의 공격 목표를 골라서
거기에 집중하는 데 있다.
-앙드레 모루아-

☼ 긍정 확언 3가지

1. 나 자신과 내가 가진 모든 것에 감사한다.
2. 나는 원하는 것을 알고 있기에 성공한다.
3. 나는 삶의 모든 면에서 풍요롭다.

긍정 확언 필사 다시 쓰기

1. _____
2. _____
3. _____

Q & A

나의 마음을 흔들어 놓고 방해하는 것은 어떤 것이 있나?

감사일기 쓰기

1. _____
2. _____
3. _____
4. _____

🌙 칭찬일기 쓰기

_____

오늘의 나를 뒤돌아보는 시간

사람이 성공하지 못하는 것은 처음부터 끝까지
한길로 나가지 않았기 때문이지 성공의 길이 험악해서가 아니다.
한마음 한뜻은 쇠를 뚫고 만물을 굴복시킬 수 있다.
-벤저민 디즈레일리-

☀ 긍정 확언 3가지

1. 나 자신을 활짝 열고 기꺼이 받아들인다.
2. 나는 수월하고 편안하게 삶을 받아들여 하나가 된다.
3. 나의 순자산은 나날이 증가한다.

긍정 확언 필사 다시 쓰기

1. _____
2. _____
3. _____

Q & A

다음 생에는 무엇으로 태어나고 싶은가?

감사일기 쓰기

1. _____
2. _____
3. _____
4. _____

🌙 칭찬일기 쓰기

_____

오늘의 나를 뒤돌아보는 시간

+020

걱정은 내일의 슬픔을 덜어주는 것이 아니라 오늘의 힘을 앗아간다.
-코리 덴 봄-

☀ 긍정 확언 3가지

1. 내가 찾는 모든 것이 지금 나를 찾고 있다.
2. 내가 하는 모든 것이 나의 가치와 중요성을 높여준다.
3. 모든 돈은 나를 위해 움직인다.

긍정 확언 필사 다시 쓰기

1. _____
2. _____
3. _____

Q & A

나의 주변에 깨어 있는 사람이 있는가?

감사일기 쓰기

1. _____
2. _____
3. _____
4. _____

🌙 칭찬일기 쓰기

_____

오늘의 나를 되돌아보는 시간

📅 DATE _____. _____. _____.

⏰ Get Up _____ : _____

> 삶이 모든 것에 감사하라. 나쁜 일에 대해서도….
> 인생 최악의 상황이 우리에게 일어난 최고의 일이 될 때가 있다.
> **-존 밀슨-**

☀ 긍정 확언 3가지

1. 나는 이 세상에서 빛이 되는 소중한 존재이다.
2. 삶은 쉽다. 내가 필요한 무엇이든지 나는 풍요롭게 가진다.
3. 돈은 내가 애쓰지 않아도 쉽게 다가온다.

긍정 확언 필사 다시 쓰기

1. _____
2. _____
3. _____

Q & A

'풍요로움'의 정의는 어떤 것인가?

감사일기 쓰기

1. _____
2. _____
3. _____
4. _____

🌙 칭찬일기 쓰기

_____

오늘의 나를 뒤돌아보는 시간

+022

실패를 두려워하지 말라.
오히려 당신이 시도조차 하지 않아서 놓진 기회를 걱정하라.
-Jack Canfield-

☀ 긍정 확언 3가지

1. 나는 삶의 과정을 신뢰하고 마음이 편안하다.
2. 사람들은 나의 일과 작품을 가치 있게 여기고 존중한다.
3. 나는 부를 창조하는 능력을 신뢰한다.

긍정 확언 필사 다시 쓰기

1. _____
2. _____
3. _____

Q & A

만약 내가 계절이 된다면, 어떤 계절이 되고 싶나?

감사일기 쓰기

1. _____
2. _____
3. _____
4. _____

🌙 칭찬일기 쓰기

_____

오늘의 나를 뒤돌아보는 시간

+023

> 자신을 믿어라. 자신의 능력을 신뢰하라.
> 겸손하지만 합리적인 자신감 없이는 성공할 수도 행복할 수도 없다.
> **-노먼 빈센트 필-**

☀ 긍정 확언 3가지

1. 언제나 삶이 주는 선물을 기쁘게 받는다.
2. 몸에 좋은 음식을 잘 챙겨 먹고, 내 몸을 잘 돌본다.
3. 나는 풍요로운 인생을 살기로 선택한다.

긍정 확언 필사 다시 쓰기

1. _____
2. _____
3. _____

Q & A

가장 사랑하는 단어 세 가지는 무엇인가?

감사일기 쓰기

1. _____
2. _____
3. _____
4. _____

🌙 칭찬일기 쓰기

_____

오늘의 나를 되돌아보는 시간

+024

열정이란 그 위에서 머뭇거림의 잡초가
결코 자랄 수 없는 화산이다.
-칼릴 지브란-

☀ 긍정 확언 3가지

1. 나의 길은 언제나 완벽하다고 확신한다.
2. 내 안에는 성공에 필요한 모든 요소가 이미 갖춰져 있다.
3. 나는 내가 소비하는 돈에 긍정적인 기분을 느낀다.

긍정 확언 필사 다시 쓰기

1. _____
2. _____
3. _____

Q & A

오늘 밤 꾸고 싶은 꿈은 무엇인가?

감사일기 쓰기

1. _____
2. _____
3. _____
4. _____

🌙 칭찬일기 쓰기

_____

오늘의 나를 뒤돌아보는 시간

📅 DATE _____. _____. _____.

⏰ Get Up _____:_____

마음을 바꾸면 환경도 바뀐다. 세상사는 마음먹기에 달려 있다.
환경을 바꿀 수 없다면 자신을 바꾸면 된다.
-장샤오형, 마음의 속도를 늦춰라-

☀ 긍정 확언 3가지

1. 나의 가장 좋은 것이 지금 내게 다가오고 있다.
2. 사랑하는 일을 더는 미루지 않고 지금 시작한다.
3. 나의 재정적 상황은 매 순간 점점 더 좋아진다.

긍정 확언 필사 다시 쓰기

1. _____
2. _____
3. _____

Q & A

무기력한 시간에는 무엇을 하며 보내는가?

감사일기 쓰기

1. _____
2. _____
3. _____
4. _____

🌙 칭찬일기 쓰기

_____

오늘의 나를 뒤돌아보는 시간

우리의 인생은 우리의 생각에 의해 만들어진다.
-마르쿠스 아우렐리우스-

☀ 긍정 확언 3가지

1. 언제나 나에게서 긍정적인 면을 발견한다.
2. 매일 삶을 더 좋게 만드는 새로운 지식을 배워간다.
3. 언제나 내가 필요로 하는 모든 것을 갖게 된다.

긍정 확언 필사 다시 쓰기

1. _____
2. _____
3. _____

Q & A

가장 기억에 남는 작별인사는 무엇인가?

감사일기 쓰기

1. _____
2. _____
3. _____
4. _____

🌙 칭찬일기 쓰기

_____

오늘의 나를 뒤돌아보는 시간

인도하는 힘은 의지력에 달려있다.
기둥이 약하면 집이 흔들리듯 의지가 약하면 생활도 흔들린다.
-랄프 왈도 에머슨-

☼ 긍정 확언 3가지

1. 내가 향하는 곳 어디에나 도움이 기다리고 있다.
2. 모든 사람은 나를 좋은 것으로 이어주는 황금사슬이다.
3. 항상 내게서 나가는 돈보다 더 많은 돈이 들어온다,

긍정 확언 필사 다시 쓰기

1. _____
2. _____
3. _____

Q & A

가장 좋아하는 조명은 어떤 조명인가?

감사일기 쓰기

1. _____
2. _____
3. _____
4. _____

☾ 칭찬일기 쓰기

_____

오늘의 나를 뒤돌아보는 시간

> 어떤 일에 열중하기 위해서는 그 일을 올바르게 믿고 자기는 그것을 성취할 힘이 있다고
> 믿으며 적극적으로 그것을 이루겠다는 마음을 갖는 일이다.
> 그러면 낮이 가고 밤이 오듯이 저절로 그 일에 열중하게 된다.
> **-데일 카네기-**

☀ 긍정 확언 3가지

1. 나는 생각을 바꾸면 인생이 바뀐다는 것을 안다.
2. 내가 살고 있는 이 아름다운 세상에 감사와 경의를 표한다.
3. 필요한 돈은 반드시 내 수중에 들어온다.

긍정 확언 필사 다시 쓰기

1. _____
2. _____
3. _____

Q & A

좋아하는 식탁은 어떤 식탁이며, 어떤 사람을 초대하고 싶은가?

감사일기 쓰기

1. _____
2. _____
3. _____
4. _____

🌙 칭찬일기 쓰기

_____

오늘의 나를 뒤돌아보는 시간

+ 029

📅 DATE _____. _____. _____.

⏰ Get Up _____:_____

걷다 돌을 보면 약자는 그것을 걸림돌이라 말하고
강자는 그것을 디딤돌이라 한다.
-칼라일-

☀ **긍정 확인 3가지**

1. 내게는 시대조차 반드시 내 편으로 만들 힘이 있다.
2. 내가 하는 모든 일에 사랑과 긍정적인 태도를 부여한다.
3. 나의 무한한 풍요는 현실로 이루어진다.

긍정 확언 필사 다시 쓰기

1. _____
2. _____
3. _____

Q & A

집에 초대한 사람들과 시간을 보낼 때 어떤 음악을 틀고 싶은가?

감사일기 쓰기

1. _____
2. _____
3. _____
4. _____

🌙 **칭찬일기 쓰기**

_____

◀ 오늘의 나를 되돌아보는 시간 ▶

📅 DATE _____. _____. _____.

⏰ Get Up _____:_____

> 열망을 실현하기 위해 명확한 계획을 세우고 즉시 시작하라.
> 준비가 됐건 아니 건, 이 계획을 실행에 옮겨라.
> **-나폴레옹 힐-**

☀ 금정 확언 3가지

1. 나는 지금 많은 돈을 축적하고 있다.
2. 내가 창조하는 방식으로 성공을 정의한다.
3. 나의 변명을 즐기면서 자유롭게 세상과 나눈다.

금정 확언 필사 다시 쓰기

1. _____
2. _____
3. _____

Q & A

나 자신을 얼마나 존중하는가?

감사일기 쓰기

1. _____
2. _____
3. _____
4. _____

🌙 칭찬일기 쓰기

_____

오늘의 나를 되돌아보는 시간

+031

가장 어두운 시간은 해뜨기 바로 직전이다.
-파울로 코엘료-

☀ 긍정 확언 3가지

1. 위대한 부가 지금 내게로 흐르고 있다.
2. 나의 번영은 한계가 없다. 나의 성공은 지금 무한하다.
3. 내 소득이 지금 점점 더 높이 성장하고 있다.

긍정 확언 필사 다시 쓰기

1. _____
2. _____
3. _____

Q & A

가장 좋아하는 음악 3가지는 무엇인가?

감사일기 쓰기

1. _____
2. _____
3. _____
4. _____

🌙 칭찬일기 쓰기

_____

오늘의 나를 되돌아보는 시간

성공의 비밀은 '자신감'이며, 자신감의 비밀은 '엄청난 준비'이다.
-조수미-

☀ 긍정 확언 3가지

1. 나는 쉽고 힘들이지 않고 부를 창조한다.
2. 나 자신을 부유한 사람으로 보며, 그것이 내 자신이다.
3. 나는 부를 구축하는 것에 열정적이다.

긍정 확언 필사 다시 쓰기

1. _____
2. _____
3. _____

Q & A

오늘 내가 표현한 사랑은 무엇인가?

감사일기 쓰기

1. _____
2. _____
3. _____
4. _____

🌙 칭찬일기 쓰기

_____

오늘의 나를 되돌아보는 시간

+033

세상에서 가장 중요한 일들 대부분은 아무도 도와주지 않을 때
계속 노력한 사람들에 의해 이뤄졌다.
-데일 카네기-

☀ 긍정 확언 3가지

1. 나는 지금 필요한 것 이상으로 갖고 있다.
2. 나는 지금 성공과 행복, 풍요의 왕도에 있다.
3. 나의 저축은 더 많은 돈을 끌어당기는 자석으로 가능하다.

긍정 확언 필사 다시 쓰기

1. _____
2. _____
3. _____

Q & A

언제 해방감을 느끼는가?

감사일기 쓰기

1. _____
2. _____
3. _____
4. _____

🌙 칭찬일기 쓰기

_____

> 오늘의 나를 뒤돌아보는 시간

+034

⏰ Get Up ____:____

계획을 세우지 않는 것이 실패를 계획하는 것이다.
-작자 미상-

☀ 긍정 확언 3가지

1. 오늘도 즐겁고 기대하는 하루가 시작되었다.
2. 오늘 내가 원하는 모든 선한 일을 이룰 것이다.
3. 내 인생은 더 좋은 방향으로 흐르고 있다.

긍정 확언 필사 다시 쓰기

1. _____
2. _____
3. _____

Q & A

어린 시절 꿈은 무엇이었나?

감사일기 쓰기

1. _____
2. _____
3. _____
4. _____

🌙 칭찬일기 쓰기

_____

오늘의 나를 뒤돌아보는 시간

+035

> "와, 정말 대단한 사람이다."라고 말하는 대신
> "그들이 할 수 있다면 나도 할 수 있다."고 말하라.
> **-백만장자 시크릿-**

☀ 긍정 확언 3가지

1. 나는 긍정의 왕이다.
2. 나는 내 꿈에 조금 더 가까이 다가가고 있다.
3. 나의 하루를 좋은 습관으로 채워간다.

긍정 확언 필사 다시 쓰기

1. _____
2. _____
3. _____

Q & A

현재의 꿈은 무엇인가?

감사일기 쓰기

1. _____
2. _____
3. _____
4. _____

🌙 칭찬일기 쓰기

_____

오늘의 나를 뒤돌아보는 시간

해보지 않고는 당신이 무엇을 해낼 수 있는지 알 수가 없다.
-프랭클린 아담-

☼ 긍정 확언 3가지

1. 나는 한 번 한다면 하는 사람이다.
2. 나는 내 인생을 즐기고 있다.
3. 나는 내가 원하는 것을 끌어당길 것이다.

긍정 확언 필사 다시 쓰기

1. ＿＿＿＿＿＿＿＿＿＿＿＿＿＿＿＿＿＿＿＿＿＿＿＿＿
2. ＿＿＿＿＿＿＿＿＿＿＿＿＿＿＿＿＿＿＿＿＿＿＿＿＿
3. ＿＿＿＿＿＿＿＿＿＿＿＿＿＿＿＿＿＿＿＿＿＿＿＿＿

Q & A

언어로 설명할 수 있는 나의 마음은 어떤 것인가?

감사일기 쓰기

1. ＿＿＿＿＿＿＿＿＿＿＿＿＿＿＿＿＿＿＿＿＿＿＿＿＿
2. ＿＿＿＿＿＿＿＿＿＿＿＿＿＿＿＿＿＿＿＿＿＿＿＿＿
3. ＿＿＿＿＿＿＿＿＿＿＿＿＿＿＿＿＿＿＿＿＿＿＿＿＿
4. ＿＿＿＿＿＿＿＿＿＿＿＿＿＿＿＿＿＿＿＿＿＿＿＿＿

☾ 칭찬일기 쓰기

＿＿＿＿＿＿＿＿＿＿＿＿＿＿＿＿＿＿＿＿＿＿＿＿＿＿

오늘의 나를 되돌아보는 시간

+037

실행이 곧 전부이다. 아이디어는 과제 극복의 5%에 불과하다.
아이디어의 좋고 나쁨은
어떻게 실행하느냐에 따라 결정된다고 해도 과언이 아니다.
-카를로스 곤-

☀ 긍정 확언 3가지

1. 나는 삶의 모든 면에서 여유롭다.

2. 나는 꿈을 이룰 수 있는 자유와 특별함이 있다.

3. 나의 모든 선한 꿈을 이루도록 돕는 힘이 있다.

긍정 확언 필사 다시 쓰기

1. _____

2. _____

3. _____

Q & A

나의 하루의 속도는 어떻게 흘러가는가?

감사일기 쓰기

1. _____

2. _____

3. _____

4. _____

🌙 칭찬일기 쓰기

_____

오늘의 나를 뒤돌아보는 시간

이 세상에 위대한 사람은 없다.
단지 평범한 사람들이 일어나 맞서는 위대한 도전이 있을 뿐이다.
-윌리엄 프레데릭 홀시-

☀ 긍정 확언 3가지

1. 목표달성을 통해 내가 사랑하는 모든 사람들을 도울 수 있다.
2. 나에게 오는 어마어마한 풍요를 얼마든지 받아들일 것이다.
3. 나의 시간이 너무 소중하다.

긍정 확언 필사 다시 쓰기

1. _____
2. _____
3. _____

Q & A

혼자 있고 싶을 때 찾는 나만의 특별한 장소가 있는가?

감사일기 쓰기

1. _____
2. _____
3. _____
4. _____

🌙 칭찬일기 쓰기

_____

오늘의 나를 뒤돌아보는 시간

+039

아무리 가까운 길이라도 가지 않으면 도달하지 못하고
아무리 쉬운 일이라도 하지 않으면 이루지 못한다.
-채근담-

☀️ 긍정 확언 3가지

1. 나는 매일 실행력을 늘리고 있다.
2. 나는 목표를 이루는 것이 즐겁다.
3. 엄청난 행운과 좋은 기회를 받아들일 준비가 늘 돼 있다.

긍정 확언 필사 다시 쓰기

1. _____
2. _____
3. _____

Q & A

나의 취미는 무엇인가?

감사일기 쓰기

1. _____
2. _____
3. _____
4. _____

🌙 칭찬일기 쓰기

_____

오늘의 나를 뒤돌아보는 시간

우리가 어떤 일을 감히 하지 못하는 것은
그 일이 너무 어렵기 때문이 아니라, 어렵다는 생각에 사로잡혀
그 일을 시도하지 않기 때문이다.
-세네카-

☀ 긍정 확언 3가지

1. 오늘도 성공한 사람들의 좋은 습관으로 하루를 채워 나갈 것이다.
2. 나는 정신적으로나 신체적으로 모두 건강한 건강 부자이다.
3. 매일 기적 같은 하루가 너무 감사하다.

긍정 확언 필사 다시 쓰기

1. _____
2. _____
3. _____

Q & A

내가 좋아하는 날씨와 온도는 무엇인가?

감사일기 쓰기

1. _____
2. _____
3. _____
4. _____

🌙 칭찬일기 쓰기

_____

오늘의 나를 뒤돌아보는 시간

내가 상처받지 않기로 마음먹은 이상,
누구도 내게 상처를 입힐 수 없다.
-마하트마 간디-

☀ 긍정 확언 3가지

1. 나는 지금 너무 행복하고 감사하다.
2. 아프지 않고 건강하게 살아있음에 감사하다.
3. 나는 열려 있고, 모든 것을 받아들인다.

긍정 확언 필사 다시 쓰기

1. _____
2. _____
3. _____

Q & A

내가 좋아하는 향은 무엇인가?

감사일기 쓰기

1. _____
2. _____
3. _____
4. _____

🌙 칭찬일기 쓰기

_____

오늘의 나를 뒤돌아보는 시간

+042

> 리더들이 제일 먼저 극복한 것은 외부적인 것이 아니라,
> '나는 못한다. 나는 재능이 없다. 내가 해서는 안 된다'는 두려움이었다.
> 기본적으로 인간 능력의 한계는 없다.
> **-스티븐 코비-**

☀ 긍정 확언 3가지

1. 나는 행운을 나누는 사람이다.
2. 나의 직감을 신뢰하고 결정을 빨리 내린다.
3. 나는 앞으로 다가올 시간이 기대된다.

긍정 확언 필사 다시 쓰기

1. _____
2. _____
3. _____

Q & A

내가 좋아하는 색은 무엇인가?

감사일기 쓰기

1. _____
2. _____
3. _____
4. _____

🌙 칭찬일기 쓰기

_____

> 오늘의 나를 뒤돌아보는 시간

+043

어떠한 불행은 오히려 희망의 토대가 된다.
불행을 슬퍼하지 말고, 새로운 출발점으로 삼아라.
불행 앞에 굴복해 비탄에 잠기지 말고 그 불행을 이용하는 지혜로운 사람이 돼라.
-오노래 드발자크-

금정 확언 3가지

1. 나는 오늘 분명 기분이 좋다.
2. 나는 대체 불가능한 사람이다.
3. 나는 화내거나 지적하지 않는다.

금정 확언 필사 다시 쓰기

1. _____
2. _____
3. _____

Q & A

내가 좋아하는 요일은 어떤 요일인가?

감사일기 쓰기

1. _____
2. _____
3. _____
4. _____

칭찬일기 쓰기

_____

오늘의 나를 뒤돌아보는 시간

+044

포기하지 마라.
저 모퉁이만 돌면 희망이란 녀석이 기다리고 있을지도 모른다.
-사이토 시게타-

☀ 긍정 확언 3가지

1. 나는 존재 자체로도 사랑스러운 사람이다.
2. 나는 성공을 위한 무한한 힘과 가능성을 가지고 있다.
3. 나는 지혜로워서 모든 문제를 해결하는 능력이 있다.

긍정 확언 필사 다시 쓰기

1. _____
2. _____
3. _____

Q & A

내가 좋아하는 대화 주제는 무엇인가?

감사일기 쓰기

1. _____
2. _____
3. _____
4. _____

🌙 칭찬일기 쓰기

_____

오늘의 나를 뒤돌아보는 시간

+045

DATE _____. _____. _____.

Get Up _____:_____

어떤 사람들은 그 일이 일어나길 바라고,
어떤 사람들은 갈구하며, 어떤 사람들은 그 일을 일어나게 만든다.
-마이클 조던-

☀ 긍정 확언 3가지

1. 모르는 건 배우면 되는 거지 부끄러운 게 아니다.
2. 시행착오를 겪더라도 언제나 내 선택에 믿음이 있다.
3. 나에게는 가치 있는 기술과 재능이 넘쳐난다.

긍정 확언 필사 다시 쓰기

1. _____
2. _____
3. _____

Q & A

최근에 좋아하게 된 것은 무엇인가?

감사일기 쓰기

1. _____
2. _____
3. _____
4. _____

☾ 칭찬일기 쓰기

_____

오늘의 나를 뒤돌아보는 시간

> 두려움이 아닌 희망과 꿈의 조언을 구하라.
> 좌절에 대해 생각하지 말고 채워지지 않은 잠재력에 대해 생각하라.
> 시도했다가 실패한 것을 신경 쓰지 말고 여전히 가능한 것에 관심을 가져라.
> **-교황 요한 23세-**

☀ 긍정 확언 3가지

1. 나는 모든 게 다 잘 될 거야.
2. 나는 변화에 직면한다.
3. 나 자신이 참으로 자랑스럽다.

긍정 확언 필사 다시 쓰기

1. _____
2. _____
3. _____

Q & A

살아오면서 가장 가보고 싶은 곳은 어디인가?

감사일기 쓰기

1. _____
2. _____
3. _____
4. _____

🌙 칭찬일기 쓰기

_____

오늘의 나를 뒤돌아보는 시간

당신을 머뭇거리게 하는 것은, 능력이나 기회의 부족이 아니다.
문제는 단지 자기 자신에 대한 믿음의 부족일 뿐이다.
-브라이언 트레이시-

☀ 긍정 확언 3가지

1. 나는 내가 사랑하는 일을 한다.
2. 나는 늘 좋은 습관을 실천한다.
3. 내가 하는 일에 있어서 두려움 없이 잘 헤쳐나간다.

긍정 확언 필사 다시 쓰기

1. _____
2. _____
3. _____

Q & A

새롭게 배워보고 싶은 것은 무엇인가?

감사일기 쓰기

1. _____
2. _____
3. _____
4. _____

🌙 칭찬일기 쓰기

_____

오늘의 나를 뒤돌아보는 시간

📅 DATE ＿＿. ＿＿. ＿＿.

⏰ Get Up ＿＿:＿＿

오늘 그것을 할 수 없다면,
대체 무슨 근거로 내일 그것을 할 수 있다고 생각하는가?
-유서프 타라-

☼ 긍정 확언 3가지

1. 나는 만족하는 삶을 살고 있다.
2. 나는 좋은 사람들을 끌어당긴다.
3. 나는 주변 사람들에게 선한 영향력을 끼치는 사람이다.

긍정 확언 필사 다시 쓰기

1. ＿＿＿＿＿＿＿＿＿＿＿＿＿＿＿＿＿＿＿＿＿＿＿＿＿＿＿
2. ＿＿＿＿＿＿＿＿＿＿＿＿＿＿＿＿＿＿＿＿＿＿＿＿＿＿＿
3. ＿＿＿＿＿＿＿＿＿＿＿＿＿＿＿＿＿＿＿＿＿＿＿＿＿＿＿

Q & A

내가 살아 보고 싶은 집은 어떤 집인가?

감사일기 쓰기

1. ＿＿＿＿＿＿＿＿＿＿＿＿＿＿＿＿＿＿＿＿＿＿＿＿＿＿＿
2. ＿＿＿＿＿＿＿＿＿＿＿＿＿＿＿＿＿＿＿＿＿＿＿＿＿＿＿
3. ＿＿＿＿＿＿＿＿＿＿＿＿＿＿＿＿＿＿＿＿＿＿＿＿＿＿＿
4. ＿＿＿＿＿＿＿＿＿＿＿＿＿＿＿＿＿＿＿＿＿＿＿＿＿＿＿

☾ 칭찬일기 쓰기

＿＿＿＿＿＿＿＿＿＿＿＿＿＿＿＿＿＿＿＿＿＿＿＿＿＿＿＿＿

오늘의 나를 뒤돌아보는 시간

+049

> 행동을 미루는 것은 신용카드와 마찬가지다.
> 즐거움을 만끽할 수 있지만,
> 그것은 늘 빚 갚을 때가 돌아오기 전까지뿐이다.
> **-크리스토퍼 파커-**

☀ 긍정 확언 3가지

1. 오히려 좋아!
2. 가보자고!
3. 그럴 수 있지.

긍정 확언 필사 다시 쓰기

1. ＿＿＿＿＿＿＿＿＿＿＿＿＿＿＿＿＿＿＿＿＿＿＿＿＿＿＿＿＿
2. ＿＿＿＿＿＿＿＿＿＿＿＿＿＿＿＿＿＿＿＿＿＿＿＿＿＿＿＿＿
3. ＿＿＿＿＿＿＿＿＿＿＿＿＿＿＿＿＿＿＿＿＿＿＿＿＿＿＿＿＿

Q & A

내가 휴식하는 방법은 무엇인가?

감사일기 쓰기

1. ＿＿＿＿＿＿＿＿＿＿＿＿＿＿＿＿＿＿＿＿＿＿＿＿＿＿＿＿＿
2. ＿＿＿＿＿＿＿＿＿＿＿＿＿＿＿＿＿＿＿＿＿＿＿＿＿＿＿＿＿
3. ＿＿＿＿＿＿＿＿＿＿＿＿＿＿＿＿＿＿＿＿＿＿＿＿＿＿＿＿＿
4. ＿＿＿＿＿＿＿＿＿＿＿＿＿＿＿＿＿＿＿＿＿＿＿＿＿＿＿＿＿

🌙 칭찬일기 쓰기

＿＿＿＿＿＿＿＿＿＿＿＿＿＿＿＿＿＿＿＿＿＿＿＿＿＿＿＿＿＿

오늘의 나를 되돌아보는 시간

+050

DATE_____. _____. _____.

⏰ Get Up _____:_____

천재는 노력하는 사람을 이길 수 없고
노력하는 사람은 즐기는 사람을 이길 수 없다.
-롤프 메르쿨레-

☀ 긍정 확언 3가지

1. 내가 하는 생각과 말, 믿음이 나의 미래를 만든다.
2. 내 인생은 나를 지지해주는 사람들로 넘쳐난다.
3. 바로 지금 여기 있는 내가 새로이 일어날 수 있는 시작점이다.

긍정 확언 필사 다시 쓰기

1. _____
2. _____
3. _____

Q & A

내가 노는 방법은 무엇인가?

감사일기 쓰기

1. _____
2. _____
3. _____
4. _____

🌙 칭찬일기 쓰기

_____

오늘의 나를 뒤돌아보는 시간

생각이 바뀌면 행동이 바뀌고 행동이 바뀌면 습관이 바뀌고
습관이 바뀌면 인격이 바뀌고 인격이 바뀌면 운명이 바뀐다.
-윌리엄 제임스-

☀ 긍정 확언 3가지

1. 나는 살아 있는 모든 존재를 존중하고 사랑한다.
2. 새로운 변화를 기대하며 삶의 긍정적인 부분에 초점을 맞춘다.
3. 언제나 새로운 시야로 삶을 바라본다.

긍정 확언 필사 다시 쓰기

1. _____
2. _____
3. _____

Q & A

나의 집중력은 어떠한가?

감사일기 쓰기

1. _____
2. _____
3. _____
4. _____

🌙 칭찬일기 쓰기

_____

오늘의 나를 뒤돌아보는 시간

고통은 사람을 생각하게 만든다.
사고는 사람을 현명하게 만든다.
지혜는 삶의 인내를 만든다.
-존 패트릭-

☀ 긍정 확언 3가지

1. 내 인생의 주인공은 바로 나 자신이다.
2. 나의 행복을 위해 자발적인 삶의 책임을 갖는다.
3. 나 자신을 온 맘 다해 사랑한다.

긍정 확언 필사 다시 쓰기

1. _____
2. _____
3. _____

Q & A

평균 수면시각과 기상시각은 어떻게 되는가?

감사일기 쓰기

1. _____
2. _____
3. _____
4. _____

🌙 칭찬일기 쓰기

_____

오늘의 나를 되돌아보는 시간

+053

실제의 세상은 상상의 세상보다 훨씬 작다.
-니체-

☀ 긍정 확언 3가지

1. 오늘은 내 생의 단 하나뿐인 날이다.
2. 오늘은 특별하고 소중하다.
3. 많이 웃고 사랑하며 보내자.

긍정 확언 필사 다시 쓰기

1. _____
2. _____
3. _____

Q & A

알레르기를 갖고 있나? 있다면 어떤 알레르기인가?

감사일기 쓰기

1. _____
2. _____
3. _____
4. _____

🌙 칭찬일기 쓰기

_____

오늘의 나를 뒤돌아보는 시간

+054

DATE ___. ___. ___.

Get Up ___:___

적게 말하고 많이 들어라.
들을수록 내 편이 많아진다.
-유재석-

🔅 긍정 확언 3가지

1. 기분 좋아지는 것들을 가까이하자.
2. 오늘을 행복한 하루로 선택하자.
3. 나는 나를 있는 그대로 사랑한다.

긍정 확언 필사 다시 쓰기

1. _____
2. _____
3. _____

Q & A

가장 좋아하는 음료수는 무엇인가?

감사일기 쓰기

1. _____
2. _____
3. _____
4. _____

🌙 칭찬일기 쓰기

_____

오늘의 나를 되돌아보는 시간

+ 055

DATE ____. ____. ____.

🕐 Get Up ____:____

> 능력이 없으면 열정이 있어야 하고
> 열정이 없으면 겸손해야 하며,
> 겸손하지 못하면 눈치라도 있어야 한다.
> **-차승원-**

☀ 긍정 확언 3가지

1. 나는 오늘도 행복한 하루를 시작한다.
2. 이 세상에 내가 없어서는 안 된다,
3. 마음먹으면 무슨 일이든 해낼 수 있다.

긍정 확언 필사 다시 쓰기

1. _____
2. _____
3. _____

Q & A

가장 좋아하는 과일은 무엇인가?

감사일기 쓰기

1. _____
2. _____
3. _____
4. _____

☾ 칭찬일기 쓰기

_____

오늘의 나를 뒤돌아보는 시간

+056

인생이란 공평하지 않다는 사실에 익숙해져라.
-빌 게이츠-

☀ 긍정 확언 3가지

1. 나는 특별하고 멋진 사람이다.
2. 나는 매일 발전한다.
3. 나는 매일 성장한다.

긍정 확언 필사 다시 쓰기

1. ＿＿＿＿＿＿＿＿＿＿＿＿＿＿＿＿＿＿＿＿＿＿＿
2. ＿＿＿＿＿＿＿＿＿＿＿＿＿＿＿＿＿＿＿＿＿＿＿
3. ＿＿＿＿＿＿＿＿＿＿＿＿＿＿＿＿＿＿＿＿＿＿＿

Q & A

내가 싫어하고 먹지 못하는 음식은 무엇인가?

감사일기 쓰기

1. ＿＿＿＿＿＿＿＿＿＿＿＿＿＿＿＿＿＿＿＿＿＿＿
2. ＿＿＿＿＿＿＿＿＿＿＿＿＿＿＿＿＿＿＿＿＿＿＿
3. ＿＿＿＿＿＿＿＿＿＿＿＿＿＿＿＿＿＿＿＿＿＿＿
4. ＿＿＿＿＿＿＿＿＿＿＿＿＿＿＿＿＿＿＿＿＿＿＿

☾ 칭찬일기 쓰기

＿＿＿＿＿＿＿＿＿＿＿＿＿＿＿＿＿＿＿＿＿＿＿＿

오늘의 나를 뒤돌아보는 시간

당신의 노력을 존중하라. 당신 자신을 존중하라.
자존감은 자제력을 낳는다.
이 둘을 모두 겸비하면, 진정한 힘을 갖게 된다.
-클린트 이스트우드-

☀ 긍정 확언 3가지

1. 모든 면에서 긍정적이다.
2. 다른 사람을 중요시하며 흥미롭고 가치 있다고 느끼게 하는 법을 안다.
3. 나는 재미있고 솔직하고 친절하며 지적이다.

긍정 확언 필사 다시 쓰기

1. _____
2. _____
3. _____

Q & A

가장 자신 있게 할 수 있는 요리가 무엇인가?

감사일기 쓰기

1. _____
2. _____
3. _____
4. _____

🌙 칭찬일기 쓰기

_____

오늘의 나를 되돌아보는 시간

가장 위대한 영광은 한 번도 실패하지 않음이 아니라
실패할 때마다 다시 일어서는 데에 있다.
-공자-

☀ **긍정 확언 3가지**

1. 오늘도 사소한 행복을 찾는다.
2. 나는 부정을 긍정으로 바꾸는 힘을 가지고 있다.
3. 사랑을 주고 사랑받는 사람이다.

긍정 확언 필사 다시 쓰기

1. _____
2. _____
3. _____

Q & A

기억에 남는 어린 시절 속 한 장면이 있나?

감사일기 쓰기

1. _____
2. _____
3. _____
4. _____

🌙 **칭찬일기 쓰기**

_____

오늘의 나를 되돌아보는 시간

+059

만일 내게 나무를 베기 위해 한 시간만 주어진다면,
우선 나는 도끼를 가는데 45분을 쓸 것이다.
-에이브러햄 링컨-

☀️ 긍정 확언 3가지

1. 남과 나를 비교하지 않는다.
2. 나는 실패하면 많은 것을 배우고 성장한다.
3. 어떤 것이든 꾸준히 한다. 그리고 결국은 해내고 만다.

긍정 확언 필사 다시 쓰기

1. _____
2. _____
3. _____

Q & A

기억에 남는 꿈은 있나?

감사일기 쓰기

1. _____
2. _____
3. _____
4. _____

🌙 칭찬일기 쓰기

_____

오늘의 나를 뒤돌아보는 시간

> 배움이란 평생 알고 있었던 것을 어느 날
> 갑자기 완전히 새로운 방식으로 이해하는 것이다.
> **-도리스 레싱-**

☀ 긍정 확언 3가지

1. 나는 못 하는 게 없다.
2. 나는 경제적, 시간적 자유를 얻는다.
3. 나는 끊임없이 노력하고 성장한다.

긍정 확언 필사 다시 쓰기

1. ＿＿＿＿＿＿＿＿＿＿＿＿＿＿＿＿＿＿＿＿＿＿
2. ＿＿＿＿＿＿＿＿＿＿＿＿＿＿＿＿＿＿＿＿＿＿
3. ＿＿＿＿＿＿＿＿＿＿＿＿＿＿＿＿＿＿＿＿＿＿

Q & A

가장 무서워하는 것은 무엇인가?

감사일기 쓰기

1. ＿＿＿＿＿＿＿＿＿＿＿＿＿＿＿＿＿＿＿＿＿＿
2. ＿＿＿＿＿＿＿＿＿＿＿＿＿＿＿＿＿＿＿＿＿＿
3. ＿＿＿＿＿＿＿＿＿＿＿＿＿＿＿＿＿＿＿＿＿＿
4. ＿＿＿＿＿＿＿＿＿＿＿＿＿＿＿＿＿＿＿＿＿＿

🌙 칭찬일기 쓰기

＿＿＿＿＿＿＿＿＿＿＿＿＿＿＿＿＿＿＿＿＿＿＿＿

오늘의 나를 뒤돌아보는 시간

+061

📅 DATE ____. ____. ____.

⏰ Get Up ____:____

> 당신의 노력을 존중하라. 당신 자신을 존중하라.
> 자존감은 자제력을 낳는다.
> 이 둘을 모두 겸비하면, 진정한 힘을 갖게 된다.
> **-클린트 이스트우드-**

☀ 긍정 확언 3가지

1. 나는 감정을 표현할 때 안전하다.
2. 어떤 상황에서도 지극히 내면이 평화롭다.
3. 나는 재정을 다룰 때 편안함을 느낀다.

긍정 확언 필사 다시 쓰기

1. _____
2. _____
3. _____

Q & A

가장 몸이 아팠을 때는 언제인가?

감사일기 쓰기

1. _____
2. _____
3. _____
4. _____

🌙 칭찬일기 쓰기

_____

오늘의 나를 뒤돌아보는 시간

자신의 잠재력에 대한 인식과 자신의 능력에 대한 자신감만으로도
더 좋은 세상을 만들 수 있다.
-달라이 라마 -

☀ 긍정 확언 3가지

    1. 나는 나를 믿는다.
    2. 하루 동안 일어나는 어떤 문제라도 잘 다룰 수 있다.
    3. 모든 일을 내가 사랑하는 사람들을 위해 한다.

긍정 확언 필사 다시 쓰기

    1. _____
    2. _____
    3. _____

Q & A

마음이 가장 아팠을 때는 언제인가?

감사일기 쓰기

    1. _____
    2. _____
    3. _____
    4. _____

🌙 칭찬일기 쓰기

_____

오늘의 나를 뒤돌아보는 시간

"자신을 소중히 하기 전에는, 자신의 시간을 가치 지을 수 없다.
당신이 당신의 시간을 소중히 여기기까지는, 당신은 아무것도 해낼 수 없다."
- 모건 스콧 펙 -

☀ 긍정 확언 3가지

1. 나는 위대한 존재이다.
2. 생을 다할 때까지 새로운 긍정적인 도전을 한다.
3. 나에겐 밝은 면과 낙천적인 면이 넘쳐난다.

긍정 확언 필사 다시 쓰기

1. ＿＿＿＿＿＿＿＿＿＿＿＿＿＿＿＿＿＿＿＿＿＿＿＿＿＿
2. ＿＿＿＿＿＿＿＿＿＿＿＿＿＿＿＿＿＿＿＿＿＿＿＿＿＿
3. ＿＿＿＿＿＿＿＿＿＿＿＿＿＿＿＿＿＿＿＿＿＿＿＿＿＿

Q & A

최근에 가장 크게 울었을 때는 언제인가?

감사일기 쓰기

1. ＿＿＿＿＿＿＿＿＿＿＿＿＿＿＿＿＿＿＿＿＿＿＿＿＿＿
2. ＿＿＿＿＿＿＿＿＿＿＿＿＿＿＿＿＿＿＿＿＿＿＿＿＿＿
3. ＿＿＿＿＿＿＿＿＿＿＿＿＿＿＿＿＿＿＿＿＿＿＿＿＿＿
4. ＿＿＿＿＿＿＿＿＿＿＿＿＿＿＿＿＿＿＿＿＿＿＿＿＿＿

🌙 칭찬일기 쓰기

오늘의 나를 뒤돌아보는 시간

+064

당신에 대한 누군가의 의견은 당신의 현실이 될 필요가 없다.
-Les Brown-

☀ 금정 확언 3가지

1. 오늘도 최선을 다해 행동할 것이다.
2. 나는 올바른 방향으로 잘 나아가고 있다.
3. 타인의 성공을 마치 내가 이룬 듯 기뻐한다.

금정 확언 필사 다시 쓰기

1. _____
2. _____
3. _____

Q & A

나를 표현할 수 있는 문장은 무엇인가?

감사일기 쓰기

1. _____
2. _____
3. _____
4. _____

🌙 칭찬일기 쓰기

_____

오늘의 나를 뒤돌아보는 시간

90

📅 DATE _____. _____. _____.

⏰ Get Up _____:_____

나 자신을 좋은 사람으로 바꾸려고 노력했더니 오더라
-이효리-

☀ **긍정 확언 3가지**

    1. 인내하고 노력하고 참고 견디어 내가 목표한 곳에 이른다.

    2. 어떠한 상황에서도 두려워하지 않는 강인함을 지닌다.

    3. 나에게는 운 좋은 일이 계속 일어난다.

긍정 확언 필사 다시 쓰기

    1. _____

    2. _____

    3. _____

Q & A

가장 좋아하는 말은 무엇인가?

감사일기 쓰기

    1. _____

    2. _____

    3. _____

    4. _____

🌙 **칭찬일기 쓰기**

_____

오늘의 나를 뒤돌아보는 시간

+066

세상의 어떤 것도 그대의 정직과 성실만큼 그대를 돕는 것은 없다.
-벤자민 프랭클린-

☀ 긍정 확언 3가지

1. 오늘도 성공하는 하루를 살 것이다.
2. 오늘은 세상에서 가장 기쁜 날이다.
3. 나의 모든 것이 편안하다.

긍정 확언 필사 다시 쓰기

1. ＿＿＿＿＿＿＿＿＿＿＿＿＿＿＿＿＿＿＿＿＿＿＿＿＿＿＿＿
2. ＿＿＿＿＿＿＿＿＿＿＿＿＿＿＿＿＿＿＿＿＿＿＿＿＿＿＿＿
3. ＿＿＿＿＿＿＿＿＿＿＿＿＿＿＿＿＿＿＿＿＿＿＿＿＿＿＿＿

Q & A

가장 기쁠 때는 언제인가?

감사일기 쓰기

1. ＿＿＿＿＿＿＿＿＿＿＿＿＿＿＿＿＿＿＿＿＿＿＿＿＿＿＿＿
2. ＿＿＿＿＿＿＿＿＿＿＿＿＿＿＿＿＿＿＿＿＿＿＿＿＿＿＿＿
3. ＿＿＿＿＿＿＿＿＿＿＿＿＿＿＿＿＿＿＿＿＿＿＿＿＿＿＿＿
4. ＿＿＿＿＿＿＿＿＿＿＿＿＿＿＿＿＿＿＿＿＿＿＿＿＿＿＿＿

☾ 칭찬일기 쓰기

오늘의 나를 뒤돌아보는 시간

+067

> 사람들은 세상을 바꾸겠다고 생각하지만
> 누구도 자기 자신을 바꿀 생각은 하지 않는다.
> **-레오 톨스토이-**

☀ 긍정 확언 3가지

1. 나는 안전하다.
2. 나에게는 멈추지 않는 자신감이 있다.
3. 내가 알고 있는 한도에서 최선을 다한다.

긍정 확언 필사 다시 쓰기

1. _____
2. _____
3. _____

Q & A

나의 콤플렉스는 무엇인가?

감사일기 쓰기

1. _____
2. _____
3. _____
4. _____

☾ 칭찬일기 쓰기

_____

> 오늘의 나를 되돌아보는 시간

과정에서 재미를 느끼지 못하는데, 성공하는 일은 거의 없다.
-데일 카네기-

☀ 긍정 확언 3가지

1. 내가 완벽하지 않음을 용서한다.
2. 우리 가족을 있는 그대로의 모습으로 사랑한다.
3. 나는 매 순간 깨어 있는 삶을 산다.

긍정 확언 필사 다시 쓰기

1. _____
2. _____
3. _____

Q & A

나의 외모 중 가장 좋아하는 부분은 무엇인가?

감사일기 쓰기

1. _____
2. _____
3. _____
4. _____

🌙 칭찬일기 쓰기

_____

오늘의 나를 되돌아보는 시간

📅 DATE _____. _____. _____.

⏰ Get Up _____:_____

실패의 99%는 변명하는 습관을 지닌 사람들에게서 온다.
-조지 워싱턴 카버-

☀️ 긍정 확언 3가지

1. 먼저 사과한다.
2. 먼저 용서한다.
3. 먼저 감사한다.

긍정 확언 필사 다시 쓰기

1. _____
2. _____
3. _____

Q & A

가장 편안함을 느낄 때는 언제인가?

감사일기 쓰기

1. _____
2. _____
3. _____
4. _____

🌙 칭찬일기 쓰기

_____

오늘의 나를 뒤돌아보는 시간

📅 DATE _____. _____. _____.

⏰ Get Up _____:_____

> 내가 성공한 원인은 중도에 그만둠 없이 한 가지 일에 매달려
> 지속적인 노력을 할 수 있는 집중력이 있었기 때문이다.
> **-나폴레옹 힐-**

☀ 긍정 확언 3가지

1. 나는 꿈이 있다.
2. 나는 놀라울 만큼 강한 리더십이 있다.
3. 더 크게 꿈꾸고, 더 크게 성장하고, 더 크게 행동한다.

긍정 확언 필사 다시 쓰기

1. _____
2. _____
3. _____

Q & A

작업 또는 공부 효율을 최대로 올릴 수 있는 환경은 무엇인가?

감사일기 쓰기

1. _____
2. _____
3. _____
4. _____

🌙 칭찬일기 쓰기

_____

오늘의 나를 뒤돌아보는 시간

📅 DATE ____. ____. ____.

⏰ Get Up ____ : ____

인내와 끈기, 피나는 노력이면 반드시 성공한다.
-나폴레옹 힐-

☀ 긍정 확언 3가지

    1. 모든 종류의 풍요로움을 끌어당긴다.

    2. 나는 유연한 마음을 갖고 있다.

    3. 깊이 감사함을 느낄 줄 아는 사람이다.

긍정 확언 필사 다시 쓰기

    1. _____

    2. _____

    3. _____

Q & A

잘 못하더라도 즐겁게 할 수 있는 것은 무엇인가?

감사일기 쓰기

    1. _____

    2. _____

    3. _____

    4. _____

🌙 칭찬일기 쓰기

_____

오늘의 나를 되돌아보는 시간

+072

> 매일 타인의 시선을 걱정하고 타인의 시선만을 생각하며 살아간다면
> 그건 내 인생이 아닙니다. 타인이 바라는 인생입니다.
> **-글배우-**

☀ 긍정 확언 3가지

1. 내가 지금 얻은 것에 만족한다.
2. 나는 올바른 이성과 지혜를 키운다.
3. 늘 성공을 향해 도전하는 삶을 살고 있다.

긍정 확언 필사 다시 쓰기

1. ＿＿＿＿＿＿＿＿＿＿＿＿＿＿＿＿＿＿＿＿＿＿＿＿＿＿
2. ＿＿＿＿＿＿＿＿＿＿＿＿＿＿＿＿＿＿＿＿＿＿＿＿＿＿
3. ＿＿＿＿＿＿＿＿＿＿＿＿＿＿＿＿＿＿＿＿＿＿＿＿＿＿

Q & A

가장 몰입해서 할 수 있는 것은 무엇인가?

감사일기 쓰기

1. ＿＿＿＿＿＿＿＿＿＿＿＿＿＿＿＿＿＿＿＿＿＿＿＿＿＿
2. ＿＿＿＿＿＿＿＿＿＿＿＿＿＿＿＿＿＿＿＿＿＿＿＿＿＿
3. ＿＿＿＿＿＿＿＿＿＿＿＿＿＿＿＿＿＿＿＿＿＿＿＿＿＿
4. ＿＿＿＿＿＿＿＿＿＿＿＿＿＿＿＿＿＿＿＿＿＿＿＿＿＿

🌙 칭찬일기 쓰기

＿＿＿＿＿＿＿＿＿＿＿＿＿＿＿＿＿＿＿＿＿＿＿＿＿＿＿＿＿

> 오늘의 나를 뒤돌아보는 시간

📅 DATE _____. _____. _____.

⏰ Get Up _____:_____

다른 사람이 무엇을 하는지 신경 쓰지 말라.
더 나은 당신이 되기 위해 노력하고 매일 당신의 기록을 깨뜨려라.
-윌리엄 보엣커-

☀ 긍정 확언 3가지

1. 모든 답은 내 안에 있다.
2. 나는 내 마음의 상태를 잘 안다.
3. 나는 중요한 일을 우선으로 잘 해낼 수 있다.

긍정 확언 필사 다시 쓰기

1. _____
2. _____
3. _____

Q & A

흥미를 느끼는 분야는 무엇인가?

감사일기 쓰기

1. _____
2. _____
3. _____
4. _____

🌙 칭찬일기 쓰기

_____

오늘의 나를 뒤돌아보는 시간

하루에 3시간을 걸으면 7년 후에 지구를 한 바퀴 돌 수 있다.
-사무엘 존슨-

☼ 긍정 확언 3가지

1. 내가 가졌는지 몰랐던 재능을 발견하고 있다.
2. 계획한 일을 소화 능력에 맞게 잘 나눌 수 있다.
3. 매일 새로운 것을 시도해본다.

긍정 확언 필사 다시 쓰기

1. _____
2. _____
3. _____

Q & A

사람들은 별로 좋아하지 않지만, 내가 좋아하는 것은 무엇인가?

감사일기 쓰기

1. _____
2. _____
3. _____
4. _____

🌙 칭찬일기 쓰기

_____

오늘의 나를 되돌아보는 시간

+075

설명하지 마라. 친구라면 설명할 필요가 없고
적이라면 어차피 당신을 믿으려 하지 않을 테니까.
-엘버트 허버드-

☀ 긍정 확언 3가지

1. 오늘도 특별한 삶을 살아갈 것이다.
2. 나 자신을 있는 그대로 표현할 때 가장 행복하다.
3. 나는 뭐든지 잘 한다.

긍정 확언 필사 다시 쓰기

1. _____
2. _____
3. _____

Q & A

가장 싫어하는 행동은 무엇인가?

감사일기 쓰기

1. _____
2. _____
3. _____
4. _____

🌙 칭찬일기 쓰기

_____

오늘의 나를 되돌아보는 시간

+076

나이가 60이다, 70이라고 하는 것으로 그 사람이 늙었다, 젊었다 할 수 없다.
늙고 젊은 것은 그 사람의 신념이 '늙었냐? 젊었냐?' 하는 데 있다.
- 맥아더 -

☀ 긍정 확언 3가지

1. 매일 더 나아지고 있다.
2. 매일 더 창조적이 되기 위해 배우는 중이다.
3. 나의 잠재 가능성은 무한하다.

긍정 확언 필사 다시 쓰기

1. _____
2. _____
3. _____

Q & A

내가 좋아하는 스킨십은 무엇인가?

감사일기 쓰기

1. _____
2. _____
3. _____
4. _____

☾ 칭찬일기 쓰기

_____

오늘의 나를 뒤돌아보는 시간

+ 077

성공의 비결은 단 한 가지,
잘할 수 있는 일에 광적으로 집중하는 것이다.
-톰 모나건 -

☀ 긍정 확언 3가지

1. 매일 새로운 순간을 맞이한다.
2. 내 삶이 행복하다.
3. 오늘도 사랑받고 축복받는다.

긍정 확언 필사 다시 쓰기

1. ＿＿＿＿＿＿＿＿＿＿＿＿＿＿＿＿＿＿＿＿＿＿＿＿＿＿＿＿＿＿
2. ＿＿＿＿＿＿＿＿＿＿＿＿＿＿＿＿＿＿＿＿＿＿＿＿＿＿＿＿＿＿
3. ＿＿＿＿＿＿＿＿＿＿＿＿＿＿＿＿＿＿＿＿＿＿＿＿＿＿＿＿＿＿

Q & A

현재 나의 소셜미디어는 어떤 알고리즘들이 차지하고 있나?

감사일기 쓰기

1. ＿＿＿＿＿＿＿＿＿＿＿＿＿＿＿＿＿＿＿＿＿＿＿＿＿＿＿＿＿＿
2. ＿＿＿＿＿＿＿＿＿＿＿＿＿＿＿＿＿＿＿＿＿＿＿＿＿＿＿＿＿＿
3. ＿＿＿＿＿＿＿＿＿＿＿＿＿＿＿＿＿＿＿＿＿＿＿＿＿＿＿＿＿＿
4. ＿＿＿＿＿＿＿＿＿＿＿＿＿＿＿＿＿＿＿＿＿＿＿＿＿＿＿＿＿＿

☾ 칭찬일기 쓰기

＿＿＿＿＿＿＿＿＿＿＿＿＿＿＿＿＿＿＿＿＿＿＿＿＿＿＿＿＿＿

> 오늘의 나를 되돌아보는 시간

다른 사람을 탓하고 원망하는 사람은
아무것도 이룰 수 없는 법이다.
-365일 읽는 긍정의 한 줄-

☀️ **긍정 확언 3가지**

1. 아이디어가 쉽게 잘 떠오른다.
2. 즐거운 인생을 살아가고 있다.
3. 나에겐 밝은 에너지와 긍정적인 이야기들로 가득하다.

긍정 확언 필사 다시 쓰기

1. _____
2. _____
3. _____

Q & A

내가 선호하는 옷차림은 무엇인가?

감사일기 쓰기

1. _____
2. _____
3. _____
4. _____

🌙 **칭찬일기 쓰기**

_____

오늘의 나를 되돌아보는 시간

📅 DATE _____. _____. _____.

⏰ Get Up _____:_____

아이에게 무언가 약속하면, 반드시 지켜라.
지키지 않으면, 당신은 아이에게 거짓말하는 것을 가르치는 것이 된다.
-탈무드-

☀ 긍정 확언 3가지

1. 항상 가슴에 불타는 열정이 있다.
2. 사람들의 가슴을 따뜻하게 하는 사람이다.
3. 내가 하는 일이 행복하다.

긍정 확언 필사 다시 쓰기

1. _____
2. _____
3. _____

Q & A

나의 패션 스타일은 무엇인가?

감사일기 쓰기

1. _____
2. _____
3. _____
4. _____

🌙 칭찬일기 쓰기

_____

오늘의 나를 되돌아보는 시간

+080

현실이 불만족스럽다면 변화해야 하는 것은 상황이 아니고 바로 당신이다.
-조 쿠더트-

☀ 긍정 확언 3가지

1. 나는 가치 있는 사람이다.
2. 내 안에 위대한 존재를 믿는다.
3. 내 몸을 사랑하고 건강한 내 몸에 감사한다.

긍정 확언 필사 다시 쓰기

1. _____
2. _____
3. _____

Q & A

도전해보고 싶은 스타일이 있는가?

감사일기 쓰기

1. _____
2. _____
3. _____
4. _____

🌙 칭찬일기 쓰기

_____

오늘의 나를 뒤돌아보는 시간

📅 DATE _____. _____. _____.

⏰ Get Up _____:_____

> 원하는 것을 얻고 싶거든,
> 우선 당신이 그것을 가질 자격이 있다고 믿어라.
> 그러면 당신의 요구대로 이루어지는 일이 더욱 많아질 것이다.
> **-앤드류 매튜스-**

☀ 긍정 확언 3가지

　　1. 내 능력이 무한대라는 것을 안다.
　　2. 나는 영감이 넘치고 감각적이다.
　　3. 내 삶은 사랑으로 가득 채워져 있다.

긍정 확언 필사 다시 쓰기

　　1. _____
　　2. _____
　　3. _____

Q & A

　　여행 스타일은 어떠한가?

감사일기 쓰기

　　1. _____
　　2. _____
　　3. _____
　　4. _____

🌙 칭찬일기 쓰기

_____

오늘의 나를 되돌아보는 시간

📅 DATE _____. _____. _____.

⏰ Get Up _____:_____

진정으로 웃으려면 고통을 참아야 하며
나아가 고통을 즐길 줄 알아야 해.
-찰리 채플린-

☀ 긍정 확언 3가지

1. 매일 즐겁게 살아간다.

2. 나는 나중에 크게 성공하여 사랑하는 사람들과 행복할 것이다.

3. 오늘도 열심히 하고자 하는 일은 해낸다.

긍정 확언 필사 다시 쓰기

1. _____
2. _____
3. _____

Q & A

내가 가진 습관은 무엇인가?

감사일기 쓰기

1. _____
2. _____
3. _____
4. _____

🌙 칭찬일기 쓰기

_____

오늘의 나를 뒤돌아보는 시간

+083

먼저 핀 꽃은 먼저 진다.
남보다 먼저 공을 세우려고 조급히 서두를 것이 아니다.
-채근담-

☀ 긍정 확언 3가지

1. 내 모습 자체로 너무 아름답다.
2. 꾸밈없는 내 모습도 사람들이 좋아해 준다.
3. 내가 필요한 것들을 다 얻는다.

긍정 확언 필사 다시 쓰기

1. _____
2. _____
3. _____

Q & A

내가 좋아하는 나의 습관은 무엇인가요?

감사일기 쓰기

1. _____
2. _____
3. _____
4. _____

🌙 칭찬일기 쓰기

_____

오늘의 나를 뒤돌아보는 시간

속도를 줄이고 인생을 즐겨라.
너무 빨리 가다 보면 놓치는 것은 주위 경관뿐이 아니다.
어디로 왜 가는지도 모르게 된다.
-에디 캔터-

☀ 긍정 확언 3가지

1. 내가 좋아하는 노래와 긍정 확언으로 하루를 시작할 것이다.
2. 내 삶에 존재하는 모든 풍요로움에 감사한다.
3. 나는 더 많은 돈을 끌어당긴다.

긍정 확언 필사 다시 쓰기

1. ＿＿＿＿＿＿＿＿＿＿＿＿＿＿＿＿＿＿＿＿＿＿
2. ＿＿＿＿＿＿＿＿＿＿＿＿＿＿＿＿＿＿＿＿＿＿
3. ＿＿＿＿＿＿＿＿＿＿＿＿＿＿＿＿＿＿＿＿＿＿

Q & A

고치고 싶은 습관은 무엇인가?

감사일기 쓰기

1. ＿＿＿＿＿＿＿＿＿＿＿＿＿＿＿＿＿＿＿＿＿＿
2. ＿＿＿＿＿＿＿＿＿＿＿＿＿＿＿＿＿＿＿＿＿＿
3. ＿＿＿＿＿＿＿＿＿＿＿＿＿＿＿＿＿＿＿＿＿＿
4. ＿＿＿＿＿＿＿＿＿＿＿＿＿＿＿＿＿＿＿＿＿＿

🌙 칭찬일기 쓰기

오늘의 나를 되돌아보는 시간

+085

가지고 있다고 믿어라. 그러면 가지게 될 것이다.
-라틴 격언-

☀ 금정 확언 3가지

1. 내가 생각한 대로 이루어지는 하루가 될 것이다.
2. 새로운 기회가 많이 주어질 것이다.
3. 나는 할 수 있다!

긍정 확언 필사 다시 쓰기

1. ＿＿＿＿＿＿＿＿＿＿＿＿＿＿＿＿＿＿＿＿＿＿＿＿＿＿＿
2. ＿＿＿＿＿＿＿＿＿＿＿＿＿＿＿＿＿＿＿＿＿＿＿＿＿＿＿
3. ＿＿＿＿＿＿＿＿＿＿＿＿＿＿＿＿＿＿＿＿＿＿＿＿＿＿＿

Q & A

갖고 싶고 만들고 싶은 습관이 있나?

감사일기 쓰기

1. ＿＿＿＿＿＿＿＿＿＿＿＿＿＿＿＿＿＿＿＿＿＿＿＿＿＿＿
2. ＿＿＿＿＿＿＿＿＿＿＿＿＿＿＿＿＿＿＿＿＿＿＿＿＿＿＿
3. ＿＿＿＿＿＿＿＿＿＿＿＿＿＿＿＿＿＿＿＿＿＿＿＿＿＿＿
4. ＿＿＿＿＿＿＿＿＿＿＿＿＿＿＿＿＿＿＿＿＿＿＿＿＿＿＿

🌙 칭찬일기 쓰기

＿＿＿＿＿＿＿＿＿＿＿＿＿＿＿＿＿＿＿＿＿＿＿＿＿＿＿＿＿

오늘의 나를 뒤돌아보는 시간

📅 DATE _____. _____. _____.

⏰ Get Up _____:_____

> 너무 소심하고 까다롭게 자신의 행동을 고민하지 말라.
> 모든 인생은 실험이다. 더 많이 실험할수록 더 나아진다.
> **-랄프 왈도 에머슨-**

☀️ 긍정 확언 3가지

1. 도전에 두려움 없이 담대하게 나아간다.
2. 해보고 싶은 것을 다 할 수 있다.
3. 모든 사람을 존중한다.

긍정 확언 필사 다시 쓰기

1. _____
2. _____
3. _____

Q & A

현재 나의 체형은 어떻게 행동해 온 결과인가?

감사일기 쓰기

1. _____
2. _____
3. _____
4. _____

🌙 칭찬일기 쓰기

_____

오늘의 나를 뒤돌아보는 시간

+087

만약 우리가 할 수 있는 일을 모두 한다면
우리 자신에 깜짝 놀랄 것이다.
-에디슨-

☀ 긍정 확언 3가지

1. 끝까지 도전해 끝내 성공할 것이다.
2. 나는 포기를 모른다.
3. 나는 긍정적인 신념을 가지고 있다.

긍정 확언 필사 다시 쓰기

1. _____
2. _____
3. _____

Q & A

내가 화 또는 스트레스를 푸는 방법은 무엇인가?

감사일기 쓰기

1. _____
2. _____
3. _____
4. _____

🌙 칭찬일기 쓰기

_____

오늘의 나를 뒤돌아보는 시간

뜻이 있다면 무엇이든 그야말로 모든 것이 가능하다.
-닉부이치지-

☀ 긍정 확언 3가지

1. 매일 수준 높은 질문을 한다.
2. 나는 나에게 관대한 사람이다.
3. 이 세상에서 가장 최고가 될 수 있다.

긍정 확언 필사 다시 쓰기

1. _____
2. _____
3. _____

Q & A

생각이 많을 때 하는 행동이 있는가?

감사일기 쓰기

1. _____
2. _____
3. _____
4. _____

🌙 칭찬일기 쓰기

_____

오늘의 나를 뒤돌아보는 시간

+089

> 성공은 어려움이나 실패가 없는 상태가 아니라
> 역경과 시련을 극복해낸 상태를 말한다.
> **-김주환-**

☀ 긍정 확언 3가지

1. 나처럼 매일 열심히 살면 성공할 수밖에 없다.
2. 부모님께 효도하는 삶을 살고 있다.
3. 소중한 사람일수록 잘 대하자.

긍정 확언 필사 다시 쓰기

1. ＿＿＿＿＿＿＿＿＿＿＿＿＿＿＿＿＿＿＿＿＿＿＿
2. ＿＿＿＿＿＿＿＿＿＿＿＿＿＿＿＿＿＿＿＿＿＿＿
3. ＿＿＿＿＿＿＿＿＿＿＿＿＿＿＿＿＿＿＿＿＿＿＿

Q & A

살면서 가장 잘한 일이라고 생각되는 것은 무엇인가?

감사일기 쓰기

1. ＿＿＿＿＿＿＿＿＿＿＿＿＿＿＿＿＿＿＿＿＿＿＿
2. ＿＿＿＿＿＿＿＿＿＿＿＿＿＿＿＿＿＿＿＿＿＿＿
3. ＿＿＿＿＿＿＿＿＿＿＿＿＿＿＿＿＿＿＿＿＿＿＿
4. ＿＿＿＿＿＿＿＿＿＿＿＿＿＿＿＿＿＿＿＿＿＿＿

🌙 칭찬일기 쓰기

＿＿＿＿＿＿＿＿＿＿＿＿＿＿＿＿＿＿＿＿＿＿＿＿＿

오늘의 나를 되돌아보는 시간

+090

DATE _____. _____. _____.

Get Up _____:_____

내가 만일 가치 있는 발견을 한 것이 있다면
다른 능력이 있어서라기보다는 참을성 있게 관찰한 덕분이다.
-뉴턴-

☀ 긍정 확언 3가지

1. 무슨 일이든지 나는 끈기 있게 잘 해낼 수 있다.
2. 나의 뇌는 언제나 깨어 있다.
3. 나는 매력이 넘치는 사람이다.

긍정 확언 필사 다시 쓰기

1. _____
2. _____
3. _____

Q & A

인생의 터닝 포인트라고 생각되는 습관이 있는가?

감사일기 쓰기

1. _____
2. _____
3. _____
4. _____

☾ 칭찬일기 쓰기

_____

> 오늘의 나를 뒤돌아보는 시간

해결될 일이라면 걱정할 필요가 없고,
해결되지 않을 일이라면 걱정해도 아무 소용없다.
-달라이 라마-

☀ 긍정 확언 3가지

1. 나와 내 주변 사람들은 모두 운이 좋다.
2. 나와 내 주변 사람들은 항상 웃고 있는 미소를 보인다.
3. 우리 팀은 항상 팀워크가 좋고 행복하다.

긍정 확언 필사 다시 쓰기

1. ＿＿＿＿＿＿＿＿＿＿＿＿＿＿＿＿＿＿＿＿＿＿＿＿＿＿
2. ＿＿＿＿＿＿＿＿＿＿＿＿＿＿＿＿＿＿＿＿＿＿＿＿＿＿
3. ＿＿＿＿＿＿＿＿＿＿＿＿＿＿＿＿＿＿＿＿＿＿＿＿＿＿

Q & A

정말 하기 싫었지만 해보니 괜찮았던 일이 있는가?

감사일기 쓰기

1. ＿＿＿＿＿＿＿＿＿＿＿＿＿＿＿＿＿＿＿＿＿＿＿＿＿＿
2. ＿＿＿＿＿＿＿＿＿＿＿＿＿＿＿＿＿＿＿＿＿＿＿＿＿＿
3. ＿＿＿＿＿＿＿＿＿＿＿＿＿＿＿＿＿＿＿＿＿＿＿＿＿＿
4. ＿＿＿＿＿＿＿＿＿＿＿＿＿＿＿＿＿＿＿＿＿＿＿＿＿＿

🌙 칭찬일기 쓰기

＿＿＿＿＿＿＿＿＿＿＿＿＿＿＿＿＿＿＿＿＿＿＿＿＿＿＿＿＿

오늘의 나를 뒤돌아보는 시간

+092

DATE _____. _____. _____.

Get Up _____:_____

큰일을 먼저 하라. 작은 일은 저절로 처리될 것이다.
-데일 카네기-

☼ 긍정 확언 3가지

1. 나는 튼튼하다
2. 나는 온전하다.
3. 나는 완전하다.

긍정 확언 필사 다시 쓰기

1. _____
2. _____
3. _____

Q & A

미래의 가장 궁금한 순간은 언제인가?

감사일기 쓰기

1. _____
2. _____
3. _____
4. _____

☾ 칭찬일기 쓰기

_____

오늘의 나를 되돌아보는 시간

+093

성공의 반은 죽을지도 모른다는 긴박함에서 비롯된다.
-토인비-

☀ 긍정 확언 3가지

1. 나는 자존감이 높은 사람이다.
2. 내가 하는 말은 사람들이 믿고 따라준다.
3. 나는 사람들에게 인정받고 사랑받는 존재이다.

긍정 확언 필사 다시 쓰기

1. ＿＿＿＿＿＿＿＿＿＿＿＿＿＿＿＿＿＿＿＿＿＿＿＿＿＿＿
2. ＿＿＿＿＿＿＿＿＿＿＿＿＿＿＿＿＿＿＿＿＿＿＿＿＿＿＿
3. ＿＿＿＿＿＿＿＿＿＿＿＿＿＿＿＿＿＿＿＿＿＿＿＿＿＿＿

Q & A

가장 싫어하는 사람의 유형은 어떤 유형인가?

감사일기 쓰기

1. ＿＿＿＿＿＿＿＿＿＿＿＿＿＿＿＿＿＿＿＿＿＿＿＿＿＿＿
2. ＿＿＿＿＿＿＿＿＿＿＿＿＿＿＿＿＿＿＿＿＿＿＿＿＿＿＿
3. ＿＿＿＿＿＿＿＿＿＿＿＿＿＿＿＿＿＿＿＿＿＿＿＿＿＿＿
4. ＿＿＿＿＿＿＿＿＿＿＿＿＿＿＿＿＿＿＿＿＿＿＿＿＿＿＿

🌙 칭찬일기 쓰기

＿＿＿＿＿＿＿＿＿＿＿＿＿＿＿＿＿＿＿＿＿＿＿＿＿＿＿＿＿

> 오늘의 나를 뒤돌아보는 시간

실패하지 않은 인간은 대개 아무것도 하지 않은 인간이다.
-페르프스 -

☀ 긍정 확언 3가지

1. 실패해도 담담히 일어설 수 있다.
2. 실패를 기회 삼아 더욱 성장할 수 있다,
3. 무엇이든 도전해보는 습관을 지니고 있다.

긍정 확언 필사 다시 쓰기

1. _____
2. _____
3. _____

Q & A

나와 잘 맞는 사람이라고 느낀 유형은 어떤 유형인가?

감사일기 쓰기

1. _____
2. _____
3. _____
4. _____

🌙 칭찬일기 쓰기

_____

오늘의 나를 뒤돌아보는 시간

+095

DATE ____. ____. ____.

Get Up ____:____

> 훌륭한 인간의 특징은 쓰라린 환경을 이겼다는 것이다.
> **-베토벤-**

☀ 긍정 확언 3가지

1. 힘든 상황 속에도 마인드 컨트롤을 잘한다.
2. 나는 어른스러운 사람이다.
3. 나는 말하기 전에 몇 번을 생각하고 말한다.

긍정 확언 필사 다시 쓰기

1. _____
2. _____
3. _____

Q & A

지금 가장 싫어하는 사람이 있다면, 그 이유는 무엇인가?

감사일기 쓰기

1. _____
2. _____
3. _____
4. _____

☾ 칭찬일기 쓰기

_____

오늘의 나를 뒤돌아보는 시간

+096

무엇이든 하고 무엇에든 열중하라. 그래야 마음을 진정시킬 수 있다.
무엇이라도 좋다! 아무것이든 하라!
-앤드류 매튜스-

☀ 긍정 확언 3가지

1. 오늘 하루도 내가 하고자 하는 것에 최선을 다해 임할 것이다.
2. 자신과의 싸움에서 승리하는 하루가 될 것이다.
3. 나 자신이 세상에서 제일 소중하다.

긍정 확언 필사 다시 쓰기

1. _____
2. _____
3. _____

Q & A

지금 가장 좋아하는 사람이 있다면, 그 이유는 무엇인가?

감사일기 쓰기

1. _____
2. _____
3. _____
4. _____

🌙 칭찬일기 쓰기

_____

오늘의 나를 뒤돌아보는 시간

+097

위대한 업적을 이루는 것은 힘이 아니라 불굴의 노력이다.
-사무엘 존슨-

☀ 긍정 확언 3가지

1. 매일매일 노력하면서 열심히 살아간다.
2. 해야 할 일은 미루지 않고 바로 처리할 수 있다.
3. 나는 좋은 것을 받고 있다.

긍정 확언 필사 다시 쓰기

1. _____
2. _____
3. _____

Q & A

가장 좋아했던 사람은 누구인가?

감사일기 쓰기

1. _____
2. _____
3. _____
4. _____

🌙 칭찬일기 쓰기

_____

오늘의 나를 되돌아보는 시간

+098

📅 DATE _____. ____. ____.

⏰ Get Up ____:____

> 잘못이 부끄러운 것이 아니라
> 잘못을 고치지 못하는 것이 부끄러운 것이다.
> **-루소-**

☀ 긍정 확언 3가지

1. 나는 잘못을 빠르게 인정할 수 있다.
2. 나는 화가 나도 참을 줄 아는 방법을 안다.
3. 주변 사람들에게 올바른 행동, 선한 영향력만 끼치려고 노력한다.

긍정 확언 필사 다시 쓰기

1. _____
2. _____
3. _____

Q & A

누군가와 가장 크게 싸웠던 때는 언제였고, 싸운 이유는 무엇이었나?

감사일기 쓰기

1. _____
2. _____
3. _____
4. _____

🌙 칭찬일기 쓰기

_____

오늘의 나를 되돌아보는 시간

하찮은 위치에서도 최선을 다하라.
말단에 있는 사람만큼 깊이 배우는 사람은 없다.
-S.D. 오코너-

☀ 긍정 확언 3가지

1. 나는 인내할 수 있다.
2. 모든 사람을 편견 없이 바라볼 수 있다.
3. 나는 항상 기쁨으로 하루를 보낸다.

긍정 확언 필사 다시 쓰기

1. ＿＿＿＿＿＿＿＿＿＿＿＿＿＿＿＿＿＿＿＿＿＿＿＿＿
2. ＿＿＿＿＿＿＿＿＿＿＿＿＿＿＿＿＿＿＿＿＿＿＿＿＿
3. ＿＿＿＿＿＿＿＿＿＿＿＿＿＿＿＿＿＿＿＿＿＿＿＿＿

Q & A

내가 사과하는 방법은 무엇인가?

감사일기 쓰기

1. ＿＿＿＿＿＿＿＿＿＿＿＿＿＿＿＿＿＿＿＿＿＿＿＿＿
2. ＿＿＿＿＿＿＿＿＿＿＿＿＿＿＿＿＿＿＿＿＿＿＿＿＿
3. ＿＿＿＿＿＿＿＿＿＿＿＿＿＿＿＿＿＿＿＿＿＿＿＿＿
4. ＿＿＿＿＿＿＿＿＿＿＿＿＿＿＿＿＿＿＿＿＿＿＿＿＿

🌙 칭찬일기 쓰기

＿＿＿＿＿＿＿＿＿＿＿＿＿＿＿＿＿＿＿＿＿＿＿＿＿＿＿

오늘의 나를 뒤돌아보는 시간

+100

DATE _____ . _____ . _____ .

Get Up _____ : _____

인간은 재주가 없어서라기보다는 목적이 없어서 실패한다.
-윌리암 A 빌리 선데이-

☼ 긍정 확언 3가지

1. 늘 목표를 세우고 나아갈 수 있도록 하자.
2. 나는 부정을 긍정으로 이길 수 있다.
3. 하루하루 부지런히 살아간다.

긍정 확언 필사 다시 쓰기

1. _____
2. _____
3. _____

Q & A

고마움을 표현하는 방법은 무엇인가?

감사일기 쓰기

1. _____
2. _____
3. _____
4. _____

☾ 칭찬일기 쓰기

_____

오늘의 나를 뒤돌아보는 시간

📅 DATE _____. _____. _____.

⏰ Get Up _____:_____

성공을 위한 세 가지 열쇠는 이것이다.
첫째도 끈기, 둘째도 끈기, 셋째도 끈기.
-이소룡-

☀ 긍정 확언 3가지

1. 나는 타인을 도움으로써 행복해진다.
2. 누구에게나 밝게 미소를 지을 것이다.
3. 나는 변화에 빠르게 적응하는 능력을 지녔다.

긍정 확언 필사 다시 쓰기

1. _____
2. _____
3. _____

Q & A

누군가에게 도움이 되어 뿌듯했던 순간은 언제인가?

감사일기 쓰기

1. _____
2. _____
3. _____
4. _____

🌙 칭찬일기 쓰기

_____

오늘의 나를 되돌아보는 시간

📅 DATE _____. _____. _____.

⏰ Get Up _____:_____

네 믿음은 네 생각이 된다. 네 생각은 네 말이 된다.
네 말은 네 행동이 된다. 네 행동은 네 습관이 된다.
네 습관은 네 가치가 된다. 네 가치는 네 운명이 된다.
-마하트마 간디-

☀ 긍정 확언 3가지

1. 나 자신을 믿는다.
2. 나 자신을 사랑한다.
3. 나 자신이 자랑스럽다.

긍정 확언 필사 다시 쓰기

1. _____
2. _____
3. _____

Q & A

가면을 쓰고 있다고 느낄 때가 있나?

감사일기 쓰기

1. _____
2. _____
3. _____
4. _____

🌙 칭찬일기 쓰기

_____

오늘의 나를 뒤돌아보는 시간

+103

자기 자신을 신뢰할 수 있으면
모든 것에 대한 자신이 생긴다.
-라 리슈코프-

☀ 긍정 확언 3가지

1. 내 모든 것을 그대로 받아들인다.
2. 혼자 있어도 마음의 평화를 유지한다.
3. 어디에 있든 기뻐하고 즐거워한다.

긍정 확언 필사 다시 쓰기

1. _____
2. _____
3. _____

Q & A

누군가를 대할 때 각 사람마다 나의 다른 면이 드러나는가?

감사일기 쓰기

1. _____
2. _____
3. _____
4. _____

🌙 칭찬일기 쓰기

_____

오늘의 나를 되돌아보는 시간

+104

너 자신의 불행을 생각하지 않게 되는 가장 좋은 방법은 일에 몰두하는 것이다.
-베토벤-

☀ 금정 확인 3가지

1. 내가 좋아하는 일을 찾아서 그 일을 할 수 있다.
2. 내가 해보고 싶은 일들은 다 해볼 것이다.
3. 나는 새로운 삶의 방식을 배운다.

금정 확인 필사 다시 쓰기

1. ＿＿＿＿＿＿＿＿＿＿＿＿＿＿＿＿＿＿＿＿＿＿＿＿＿＿＿＿＿
2. ＿＿＿＿＿＿＿＿＿＿＿＿＿＿＿＿＿＿＿＿＿＿＿＿＿＿＿＿＿
3. ＿＿＿＿＿＿＿＿＿＿＿＿＿＿＿＿＿＿＿＿＿＿＿＿＿＿＿＿＿

Q & A

가장 친한 친구와 어떻게 친해지게 되었나?

감사일기 쓰기

1. ＿＿＿＿＿＿＿＿＿＿＿＿＿＿＿＿＿＿＿＿＿＿＿＿＿＿＿＿＿
2. ＿＿＿＿＿＿＿＿＿＿＿＿＿＿＿＿＿＿＿＿＿＿＿＿＿＿＿＿＿
3. ＿＿＿＿＿＿＿＿＿＿＿＿＿＿＿＿＿＿＿＿＿＿＿＿＿＿＿＿＿
4. ＿＿＿＿＿＿＿＿＿＿＿＿＿＿＿＿＿＿＿＿＿＿＿＿＿＿＿＿＿

🌙 칭찬일기 쓰기

＿＿＿＿＿＿＿＿＿＿＿＿＿＿＿＿＿＿＿＿＿＿＿＿＿＿＿＿＿＿＿＿＿

오늘의 나를 뒤돌아보는 시간

+105

📅 DATE ＿＿. ＿＿. ＿＿.

⏰ Get Up ＿＿:＿＿

> 승리하면 조금 배울 수 있고, 패배하면 모든 것을 배울 수 있다.
> **-크리스티 메튜슨-**

☀ 긍정 확언 3가지

1. 나는 패배를 무서워하지 않는다.
2. 나는 실패를 오히려 좋아한다.
3. 내 안에는 긍정 에너지가 가득해서 어떤 어려움도 극복할 수 있다.

긍정 확언 필사 다시 쓰기

1. ＿＿＿＿＿＿＿＿＿＿＿＿＿＿＿＿＿＿＿＿＿＿＿
2. ＿＿＿＿＿＿＿＿＿＿＿＿＿＿＿＿＿＿＿＿＿＿＿
3. ＿＿＿＿＿＿＿＿＿＿＿＿＿＿＿＿＿＿＿＿＿＿＿

Q & A

고민이나 걱정을 터놓거나 의지할 수 있는 사람이 있는가?

감사일기 쓰기

1. ＿＿＿＿＿＿＿＿＿＿＿＿＿＿＿＿＿＿＿＿＿＿＿
2. ＿＿＿＿＿＿＿＿＿＿＿＿＿＿＿＿＿＿＿＿＿＿＿
3. ＿＿＿＿＿＿＿＿＿＿＿＿＿＿＿＿＿＿＿＿＿＿＿
4. ＿＿＿＿＿＿＿＿＿＿＿＿＿＿＿＿＿＿＿＿＿＿＿

🌙 칭찬일기 쓰기

＿＿＿＿＿＿＿＿＿＿＿＿＿＿＿＿＿＿＿＿＿＿＿＿＿

오늘의 나를 뒤돌아보는 시간

+106

인생에서 원하는 것을 얻기 위한 첫 번째 단계는
내가 무엇을 원하는지 결정하는 것이다.
-벤스 타인-

☀ 긍정 확언 3가지

1. 내 인생의 주인공은 나다.
2. 좋아하는 일을 결정할 수 있는 능력이 있다.
3. 나에게는 멈추지 않는 자신감이 있다.

긍정 확언 필사 다시 쓰기

1. _____
2. _____
3. _____

Q & A

정말 소중하게 생각하는 사람은 누구인가?

감사일기 쓰기

1. _____
2. _____
3. _____
4. _____

☾ 칭찬일기 쓰기

_____

오늘의 나를 뒤돌아보는 시간

+107

모든 일에 예방이 최선의 방책이다.
없앨 것은 작을 때 미리 없애고, 버릴 것은 무거워지기 전에 빨리 버려라.
-노자-

☀ 긍정 확언 3가지

1. 나의 삶을 책임지고 살아갈 수 있다.

2. 나의 가능성을 충분히 펼치고 있다.

3. 무엇이든 빠르게 결정하는 능력이 있다.

긍정 확언 필사 다시 쓰기

1. ＿＿＿＿＿＿＿＿＿＿＿＿＿＿＿＿＿＿＿＿＿＿＿＿＿＿＿＿＿＿
2. ＿＿＿＿＿＿＿＿＿＿＿＿＿＿＿＿＿＿＿＿＿＿＿＿＿＿＿＿＿＿
3. ＿＿＿＿＿＿＿＿＿＿＿＿＿＿＿＿＿＿＿＿＿＿＿＿＿＿＿＿＿＿

Q & A

내가 죽었을 때 가장 슬퍼할 사람은 누구인가?

감사일기 쓰기

1. ＿＿＿＿＿＿＿＿＿＿＿＿＿＿＿＿＿＿＿＿＿＿＿＿＿＿＿＿＿＿
2. ＿＿＿＿＿＿＿＿＿＿＿＿＿＿＿＿＿＿＿＿＿＿＿＿＿＿＿＿＿＿
3. ＿＿＿＿＿＿＿＿＿＿＿＿＿＿＿＿＿＿＿＿＿＿＿＿＿＿＿＿＿＿
4. ＿＿＿＿＿＿＿＿＿＿＿＿＿＿＿＿＿＿＿＿＿＿＿＿＿＿＿＿＿＿

☽ 칭찬일기 쓰기

＿＿＿＿＿＿＿＿＿＿＿＿＿＿＿＿＿＿＿＿＿＿＿＿＿＿＿＿＿＿＿＿

오늘의 나를 뒤돌아보는 시간

+108

누구나 위대한 사람이 될 수 있다.
왜냐하면, 누구든 남에게 필요한 존재가 될 수 있기 때문이다.
-마틴 루터킹-

☀ 긍정 확언 3가지

1. 나는 위대한 사람이다.
2. 나를 필요로 하는 사람이 많다.
3. 나는 이 세상에 없어서는 안 될 존재이다.

긍정 확언 필사 다시 쓰기

1. _____
2. _____
3. _____

Q & A

누군가를 좋아할 때 어떻게 행동하나?

감사일기 쓰기

1. _____
2. _____
3. _____
4. _____

🌙 칭찬일기 쓰기

_____

오늘의 나를 되돌아보는 시간

+109

새로운 것을 보는 것만이 중요한 게 아니다.
모든 것을 새로운 눈으로 보는 것이 정말 중요하다.
-알베로니-

☀ 금정 확언 3가지

1. 내 삶에 다가오는 인연들과 평생 함께할 수 있다.
2. 내가 완벽하지 않음을 인정한다.
3. 오늘도 즐거운 하루를 보낼 것이다.

금정 확언 필사 다시 쓰기

1. _____
2. _____
3. _____

Q & A

누군가를 정말 사랑해 본 경험이 있나?

감사일기 쓰기

1. _____
2. _____
3. _____
4. _____

🌙 칭찬일기 쓰기

_____

오늘의 나를 뒤돌아보는 시간

📅 DATE _____. _____. _____.

⏰ Get Up _____:_____

내가 아직 살아 있는 동안에는 스스로 헛되이 살지 않게 하라.
-에머슨-

☀ 긍정 확언 3가지

1. 나는 성공하기 위해 태어났다.
2. 나는 좋은 사람들과 함께 일한다.
3. 내 주변에는 긍정적인 기운들로 가득 차 있다.

긍정 확언 필사 다시 쓰기

1. _____
2. _____
3. _____

Q & A

연애할 때의 연락 스타일은 어떤한가?

감사일기 쓰기

1. _____
2. _____
3. _____
4. _____

🌙 칭찬일기 쓰기

_____

오늘의 나를 뒤돌아보는 시간

📅 DATE _____. _____. _____.

⏰ Get Up _____:_____

> 웃으면 사람의 몸과 마음을 이롭게 하는
> 온갖 경이로운 일들이 일어난다.
> **-앤드류 매튜스-**

☀ 긍정 확인 3가지

    1. 오늘도 웃음 가득한 하루를 보낼 것이다.

    2. 나의 가족은 늘 화목하다.

    3. 나는 두려움 앞에서 도망가지 않는다.

긍정 확인 필사 다시 쓰기

    1. _____

    2. _____

    3. _____

Q & A

다른 사람과 깊은 관계를 맺을 때 두려움이 있나? 어떤 것이 두려운가?

감사일기 쓰기

    1. _____

    2. _____

    3. _____

    4. _____

🌙 칭찬일기 쓰기

_____

> 오늘의 나를 뒤돌아보는 시간

+112

📅 DATE _____. _____. _____.

⏰ Get Up _____:_____

아무도 보지 않는다고 생각하고 춤을 추어라. 누구에게도 상처받지 않은 것처럼 사랑하라.
아무도 듣지 않는다고 생각하고 노래를 불러라. 마치 지상이 천국인 것처럼 살아라.
-퍼키-

☀ 긍정 확언 3가지

1. 셀프 피드백을 습관화할 수 있게 하기
2. 새로운 것들을 많이 도전해보기
3. 하루하루 발전하는 나 자신이 되길

긍정 확언 필사 다시 쓰기

1. _____
2. _____
3. _____

Q & A

사랑하는 사람들과의 이별을 맞이하는 나의 방법이 있다면?

감사일기 쓰기

1. _____
2. _____
3. _____
4. _____

🌙 칭찬일기 쓰기

_____

오늘의 나를 되돌아보는 시간

+113

용기 있는 자로 살아라.
운이 따라주지 않는다면 용기 있는 가슴으로 불행에 맞서라.
-키케로-

☀ 긍정 확인 3가지

1. 오늘도 용기 있게 살아갈 것이다.
2. 좋은 생각만 하고 예쁜 말만 쓸 것이다.
3. 내가 하는 선택들은 모두 좋은 선택일 것이다. 나 자신을 믿자.

긍정 확인 필사 다시 쓰기

1. _____
2. _____
3. _____

Q & A

지금 나에게 꼭 필요한 물건이 있다면 무엇인가?

감사일기 쓰기

1. _____
2. _____
3. _____
4. _____

🌙 칭찬일기 쓰기

_____

오늘의 나를 되돌아보는 시간

+ 114

거짓을 품고 정상인척하며 사느니
진실을 품고 미친 사람으로 살겠다.
-정재찬-

☀ **긍정 확언 3가지**

1. 무슨 일이 있든지 정직하게 살 수 있도록 하자.

2. 나는 양심 있게 행동하는 사람이다.

3. 나는 오늘도 올바른 행동으로 많은 사람에게 본보기가 돼 줄 것이다.

긍정 확언 필사 다시 쓰기

1. _____

2. _____

3. _____

Q & A

나에게 꼭 필요한 인간관계는 무엇인가?

감사일기 쓰기

1. _____

2. _____

3. _____

4. _____

🌙 **칭찬일기 쓰기**

_____

> 오늘의 나를 뒤돌아보는 시간

+115

집 안 청소만 하지 말고 마음도 매일 청소하라.
마음이 깨끗하면 어둠이 깃들지 못한다.
-우에니시 아키라-

☀ 긍정 확언 3가지

1. 늘 바쁘게 일만 했으면 쉴 줄도 알아야 한다.
2. 마음 편히 먹고 휴식을 취하는 시간을 갖자.
3. 나는 현재까지 너무너무 잘 해오고 있다.

긍정 확언 필사 다시 쓰기

1. _____
2. _____
3. _____

Q & A

일 년 동안 꾸준히 쓰는 생활용품이나 필수품은 무엇인가?

감사일기 쓰기

1. _____
2. _____
3. _____
4. _____

🌙 칭찬일기 쓰기

_____

오늘의 나를 뒤돌아보는 시간

141

당신이 가진 것 중 가장 위대한 것은
바로 당신 앞에 있는 24시간이다.
-존 맥스웰-

☼ 긍정 확언 3가지

1. 시간을 허투루 쓰지 않고 의미 있게 보내자.
2. 오늘도 계획대로 잘 움직이는 사람이 되자.
3. 오늘도 나는 너무 행복한 사람이다.

긍정 확언 필사 다시 쓰기

1. _____
2. _____
3. _____

Q & A

일주일 동안 여행간다면, 필요한 짐은 무엇인가?

감사일기 쓰기

1. _____
2. _____
3. _____
4. _____

☾ 칭찬일기 쓰기

_____

오늘의 나를 뒤돌아보는 시간

+117

항상 맑으면 사막이 된다.
비가 내리고 바람이 불어야 비옥한 땅이 된다.
-스페인 속담-

☀ 긍정 확언 3가지

1. 나는 한번 시작하면 끝까지 해내는 사람이다.

2. 시행착오를 겪더라도 언제나 내 선택에 대한 믿음이 있다.

3. 잘 모르면 배우면 된다고 생각하지, 절대로 부끄럽게 생각하지 않는다.

긍정 확언 필사 다시 쓰기

1. _____
2. _____
3. _____

Q & A

돈을 쓸 때, 상대적으로 아깝지 않은 것은 무엇인가?

감사일기 쓰기

1. _____
2. _____
3. _____
4. _____

🌙 칭찬일기 쓰기

_____

오늘의 나를 되돌아보는 시간

자신의 욕망을 극복하는 사람이
강한 적을 물리친 사람보다 위대하다.
-아리스토텔레스-

☀ 긍정 확언 3가지

1. 매일 작은 목표를 성취하며 큰 목표를 향해 나아가고 있다.
2. 성공을 위한 무한한 힘과 가능성을 가지고 있다.
3. 나는 지혜로워서 모든 문제를 해결하는 능력이 있다.

긍정 확언 필사 다시 쓰기

1. _____
2. _____
3. _____

Q & A

돈을 쓸 때, 상대적으로 아까운 것은 무엇인가?

감사일기 쓰기

1. _____
2. _____
3. _____
4. _____

🌙 칭찬일기 쓰기

_____

오늘의 나를 뒤돌아보는 시간

+119

성공한 사람이 될 수 있는데도, 왜 평범한 사람에 머무르려 하는가.
-베르톨트 브레히트-

☀ 긍정 확언 3가지

1. 나에게 가장 좋은 일은 아직 일어나지 않았다.
2. 나 자신을 정말 사랑한다.
3. 나의 길을 잘 개척해나갈 자신감이 있다.

긍정 확언 필사 다시 쓰기

1. ＿＿＿＿＿＿＿＿＿＿＿＿＿＿＿＿＿＿＿＿＿＿＿＿＿＿＿
2. ＿＿＿＿＿＿＿＿＿＿＿＿＿＿＿＿＿＿＿＿＿＿＿＿＿＿＿
3. ＿＿＿＿＿＿＿＿＿＿＿＿＿＿＿＿＿＿＿＿＿＿＿＿＿＿＿

Q & A

조금 손해 봐도 괜찮은 것이 있는가?

감사일기 쓰기

1. ＿＿＿＿＿＿＿＿＿＿＿＿＿＿＿＿＿＿＿＿＿＿＿＿＿＿＿
2. ＿＿＿＿＿＿＿＿＿＿＿＿＿＿＿＿＿＿＿＿＿＿＿＿＿＿＿
3. ＿＿＿＿＿＿＿＿＿＿＿＿＿＿＿＿＿＿＿＿＿＿＿＿＿＿＿
4. ＿＿＿＿＿＿＿＿＿＿＿＿＿＿＿＿＿＿＿＿＿＿＿＿＿＿＿

☾ 칭찬일기 쓰기

＿＿＿＿＿＿＿＿＿＿＿＿＿＿＿＿＿＿＿＿＿＿＿＿＿＿＿＿＿

>>> 오늘의 나를 뒤돌아보는 시간

+120

가장 큰 실수는 포기해버리는 것. 가장 어리석은 일은 남의 결점만 찾아내는 것.
가장 심각한 파산은 의욕을 잃은 텅 빈 영혼.
가장 나쁜 감정은 질투. 그리고 가장 좋은 선물은 용서.
-프랭크 크레인-

☀ 긍정 확언 3가지

1. 나는 배움을 쉬지 않고 계속 성장하는 사람이다.
2. 말하는 대로 이루어진다.
3. 나에겐 하루하루가 새로운 시작이고 기회이다.

긍정 확언 필사 다시 쓰기

1. _____
2. _____
3. _____

Q & A

지금 당장 1천만 원을 써야 한다면 어떻게 쓸 것인가?

감사일기 쓰기

1. _____
2. _____
3. _____
4. _____

🌙 칭찬일기 쓰기

_____

오늘의 나를 뒤돌아보는 시간

+121

인생에서 가장 큰 공백은 아는 것과 행동하는 것 사이에 있다.
-딕 빅스-

☀ 긍정 확언 3가지

1. 오늘은 분명히 기분이 좋다.
2. 오늘은 화내거나 자책하지 않는다.
3. 나는 긍정의 왕이다.

긍정 확언 필사 다시 쓰기

1. _____
2. _____
3. _____

Q & A

모두가 나를 보지 못한다면, 무엇을 할 것인가?

감사일기 쓰기

1. _____
2. _____
3. _____
4. _____

🌙 칭찬일기 쓰기

_____

오늘의 나를 뒤돌아보는 시간

+122

두려움에 맞서기로 결심한 순간, 두려움은 증발한다.
-앤드류 매튜스-

☀ 긍정 확언 3가지

1. 나는 두려움 따위는 없다.
2. 나의 하루를 좋은 습관으로 채우고 있다.
3. 내 꿈을 이루기에 충분한 자질을 갖추고 있다.

긍정 확언 필사 다시 쓰기

1. ＿＿＿＿＿＿＿＿＿＿＿＿＿＿＿＿＿＿＿＿＿＿＿＿＿＿＿
2. ＿＿＿＿＿＿＿＿＿＿＿＿＿＿＿＿＿＿＿＿＿＿＿＿＿＿＿
3. ＿＿＿＿＿＿＿＿＿＿＿＿＿＿＿＿＿＿＿＿＿＿＿＿＿＿＿

Q & A

오늘을 기분 좋게 만드는 것은 무엇인가?

감사일기 쓰기

1. ＿＿＿＿＿＿＿＿＿＿＿＿＿＿＿＿＿＿＿＿＿＿＿＿＿＿＿
2. ＿＿＿＿＿＿＿＿＿＿＿＿＿＿＿＿＿＿＿＿＿＿＿＿＿＿＿
3. ＿＿＿＿＿＿＿＿＿＿＿＿＿＿＿＿＿＿＿＿＿＿＿＿＿＿＿
4. ＿＿＿＿＿＿＿＿＿＿＿＿＿＿＿＿＿＿＿＿＿＿＿＿＿＿＿

☾ 칭찬일기 쓰기

＿＿＿＿＿＿＿＿＿＿＿＿＿＿＿＿＿＿＿＿＿＿＿＿＿＿＿＿＿

오늘의 나를 뒤돌아보는 시간

+123

> 습관은 동아줄과도 같다.
> 한 올 한 올 날마다 엮다 보면 결국 끊지 못하게 된다.
> 우리는 훌륭하고 긍정적이며 생산적인 습관을 형성해야 한다.
> **-호레이스 만-**

☀ 긍정 확언 3가지

1. 나는 충분히 똑똑하고 건강하고 용기 있는 사람이다.
2. 모든 것에 감사하다.
3. 모든 것에 긍정적인 마음을 갖는다.

긍정 확언 필사 다시 쓰기

1. ＿＿＿＿＿＿＿＿＿＿＿＿＿＿＿＿＿＿＿＿＿＿＿＿＿＿＿＿＿＿＿
2. ＿＿＿＿＿＿＿＿＿＿＿＿＿＿＿＿＿＿＿＿＿＿＿＿＿＿＿＿＿＿＿
3. ＿＿＿＿＿＿＿＿＿＿＿＿＿＿＿＿＿＿＿＿＿＿＿＿＿＿＿＿＿＿＿

Q & A

오늘 내가 힘들 때, 격려가 되는 유쾌한 비장의 무기는 무엇인가?

감사일기 쓰기

1. ＿＿＿＿＿＿＿＿＿＿＿＿＿＿＿＿＿＿＿＿＿＿＿＿＿＿＿＿＿＿＿
2. ＿＿＿＿＿＿＿＿＿＿＿＿＿＿＿＿＿＿＿＿＿＿＿＿＿＿＿＿＿＿＿
3. ＿＿＿＿＿＿＿＿＿＿＿＿＿＿＿＿＿＿＿＿＿＿＿＿＿＿＿＿＿＿＿
4. ＿＿＿＿＿＿＿＿＿＿＿＿＿＿＿＿＿＿＿＿＿＿＿＿＿＿＿＿＿＿＿

🌙 칭찬일기 쓰기

＿＿＿＿＿＿＿＿＿＿＿＿＿＿＿＿＿＿＿＿＿＿＿＿＿＿＿＿＿＿＿＿＿

>> 오늘의 나를 뒤돌아보는 시간

+124

자기가 나서고 싶으면 먼저 남을 내세워 주고
자기가 발전하고 싶으면 남을 먼저 발전시켜준다.
이것이 인자(仁者)의 태도이다.
-논어-

☼ 긍정 확언 3가지

1. 나의 과거와 현재를 그대로 받아들인다.
2. 내가 상상할 수 있는 것보다 더 많은 기쁨이 있다.
3. 나는 부정적인 생각이나 주제에 시간을 낭비하지 않는다.

긍정 확언 필사 다시 쓰기

1. ＿＿＿＿＿＿＿＿＿＿＿＿＿＿＿＿＿＿＿＿＿＿＿＿＿＿＿＿＿＿
2. ＿＿＿＿＿＿＿＿＿＿＿＿＿＿＿＿＿＿＿＿＿＿＿＿＿＿＿＿＿＿
3. ＿＿＿＿＿＿＿＿＿＿＿＿＿＿＿＿＿＿＿＿＿＿＿＿＿＿＿＿＿＿

Q & A

오늘 조언을 구할 수 있는 곳이나 사람이 있는가?

감사일기 쓰기

1. ＿＿＿＿＿＿＿＿＿＿＿＿＿＿＿＿＿＿＿＿＿＿＿＿＿＿＿＿＿＿
2. ＿＿＿＿＿＿＿＿＿＿＿＿＿＿＿＿＿＿＿＿＿＿＿＿＿＿＿＿＿＿
3. ＿＿＿＿＿＿＿＿＿＿＿＿＿＿＿＿＿＿＿＿＿＿＿＿＿＿＿＿＿＿
4. ＿＿＿＿＿＿＿＿＿＿＿＿＿＿＿＿＿＿＿＿＿＿＿＿＿＿＿＿＿＿

☾ 칭찬일기 쓰기

오늘의 나를 뒤돌아보는 시간

+125

'괜찮아'는 마법의 언어이다. '괜찮아', '수고했어'.
그리고 '힘내, 잘될 거야'는 성공한 사람들이 자신에게 거는 마법의 주문이다.
-내마음 들여다보기 중-

☀ 긍정 확언 3가지

1. 모든 것을 긍정적으로 받아들인다.
2. 긍정적인 세상의 관심을 받는다.
3. 나는 긍정적인 인간이며 그 사실이 기쁘다.

긍정 확언 필사 다시 쓰기

1. _____
2. _____
3. _____

Q & A

오늘 꼭 해야 할 한 가지는 무엇인가?

감사일기 쓰기

1. _____
2. _____
3. _____
4. _____

🌙 칭찬일기 쓰기

_____

오늘의 나를 뒤돌아보는 시간

+126

문제점을 찾지 말고 해결책을 찾아라.
사람은 누구나 자기가 할 수 있다고 믿는 것 이상의 것을 할 수 있다.
할 수 있다고 생각하면 할 수 있고, 할 수 없다고 생각하면 할 수 없다.
-헨리포드-

☀️ 긍정 확언 3가지

1. 나는 창의적이고 아이디어가 풍부한 천재다.
2. 나는 훌륭한 사람이다.
3. 나는 사랑받을 만한 사람이다.

긍정 확언 필사 다시 쓰기

1. ＿＿＿＿＿＿＿＿＿＿＿＿＿＿＿＿＿＿＿＿＿＿＿＿＿＿
2. ＿＿＿＿＿＿＿＿＿＿＿＿＿＿＿＿＿＿＿＿＿＿＿＿＿＿
3. ＿＿＿＿＿＿＿＿＿＿＿＿＿＿＿＿＿＿＿＿＿＿＿＿＿＿

Q & A

오늘 하루 나의 다짐은 무엇인가?

감사일기 쓰기

1. ＿＿＿＿＿＿＿＿＿＿＿＿＿＿＿＿＿＿＿＿＿＿＿＿＿＿
2. ＿＿＿＿＿＿＿＿＿＿＿＿＿＿＿＿＿＿＿＿＿＿＿＿＿＿
3. ＿＿＿＿＿＿＿＿＿＿＿＿＿＿＿＿＿＿＿＿＿＿＿＿＿＿
4. ＿＿＿＿＿＿＿＿＿＿＿＿＿＿＿＿＿＿＿＿＿＿＿＿＿＿

🌙 칭찬일기 쓰기

＿＿＿＿＿＿＿＿＿＿＿＿＿＿＿＿＿＿＿＿＿＿＿＿＿＿＿＿

오늘의 나를 뒤돌아보는 시간

+127

> 변명 중에서도 가장 어리석고 못난 변명은
> '시간이 없어서'라는 변명이다.
> **-에디슨-**

☀ 긍정 확언 3가지

1. 내 치유는 이미 진행 중이다.
2. 나는 내 몸의 메시지에 애정을 담아 귀 기울인다.
3. 나는 완벽한 건강에 감사한다.

긍정 확언 필사 다시 쓰기

1. _____
2. _____
3. _____

Q & A

오늘을 어떻게 더 좋은 날로 만들었는가?

감사일기 쓰기

1. _____
2. _____
3. _____
4. _____

🌙 칭찬일기 쓰기

_____

오늘의 나를 뒤돌아보는 시간

+128

DATE ___. ___. ___.

Get Up ___:___

> 행복한 사람은 가진 것을 사랑하고 불행한 사람은 가지지 않은 것을 사랑한다.
> **-하워드 가드너-**

☀ 긍정 확언 3가지

1. 나는 건강할 자격이 있는 사람이다.
2. 내가 알아야 할 모든 일은 결국 밝혀질 것이다.
3. 내게 필요한 것은 완벽한 시간과 공간 순서에 따라 내게 온다.

긍정 확언 필사 다시 쓰기

1. _____
2. _____
3. _____

Q & A

오늘 배운 것이 있다면 무엇인가?

감사일기 쓰기

1. _____
2. _____
3. _____
4. _____

☾ 칭찬일기 쓰기

_____

오늘의 나를 되돌아보는 시간

+129

늘 명심하라. 성공하겠다는 너 자신의 결심이
다른 어떤 것보다 중요하다는 것을….
-에이브러햄 링컨-

☀ 긍정 확언 3가지

1. 나는 사랑하고 사랑스러우며 사랑받는다.
2. 인생은 즐겁고 사랑으로 가득 차 있다.
3. 내 세상에서는 모든 일이 순조롭다.

긍정 확언 필사 다시 쓰기

1. _____
2. _____
3. _____

Q & A

죽기 전에 해보지 않으면 후회할 것 같은 일은 무엇인가?

감사일기 쓰기

1. _____
2. _____
3. _____
4. _____

🌙 칭찬일기 쓰기

_____

오늘의 나를 뒤돌아보는 시간

155

+130

🗓 DATE _____. _____. _____.

⏰ Get Up _____:_____

> 희망과 인내는 모든 어려움의 가장 좋은 치료 약이다.
> **-R. 버튼-**

☀️ 긍정 확언 3가지

1. 나는 어디를 가든 번창한다.
2. 나는 변화하고 성장해갈 의향이 있다.
3. 나 자신을 정말 사랑한다.

긍정 확언 필사 다시 쓰기

1. _____
2. _____
3. _____

Q & A

나의 성격은 어떠한가?

감사일기 쓰기

1. _____
2. _____
3. _____
4. _____

🌙 칭찬일기 쓰기

_____

오늘의 나를 되돌아보는 시간

기회가 두 번씩이나 너의 문을 두드린다고 생각하지 말라.
-샘포르-

☼ **긍정 확언 3가지**

1. 어차피 난 잘될 거다.
2. 기회는 지금이다. 나는 기회를 통해 성공한다.
3. 나는 뭐든지 할 수 있다.

긍정 확언 필사 다시 쓰기

1. _____
2. _____
3. _____

Q & A

나의 매력은 무엇인가?

감사일기 쓰기

1. _____
2. _____
3. _____
4. _____

🌙 **칭찬일기 쓰기**

_____

오늘의 나를 되돌아보는 시간

> 명예와 영광 그리고 사람들의 허영심을 가장 심하게 비난하는 사람이야말로
> 명예와 영광을 가장 탐내는 자들이다.
> **-스피노자-**

☀ 긍정 확언 3가지

1. 걱정한다고 나아지는 건 없다.
2. 항상 최선을 다하는 삶을 살고 있다.
3. 모든 문제는 답이 없고, 나는 그 답을 알고 있다.

긍정 확언 필사 다시 쓰기

1. _____
2. _____
3. _____

Q & A

나의 장점은 무엇인가?

감사일기 쓰기

1. _____
2. _____
3. _____
4. _____

🌙 칭찬일기 쓰기

_____

오늘의 나를 되돌아보는 시간

+133

당신이 지금 있는 곳에서 행복할 수 없다면
당신이 있지 않은 곳에서도 행복할 수 없다.
-찰리 존스-

☀ 긍정 확언 3가지

1. 내 몸의 메시지에 애정을 담아 귀 기울인다.
2. 무슨 일이든 미루지 않고 생각나는 즉시 행동한다.
3. 나는 축복받은 존재이다.

긍정 확언 필사 다시 쓰기

1. _____
2. _____
3. _____

Q & A

나의 단점은 무엇인가?

감사일기 쓰기

1. _____
2. _____
3. _____
4. _____

🌙 칭찬일기 쓰기

_____

> 오늘의 나를 뒤돌아보는 시간

+134

자신이 할 수 없다고 생각하는 동안은 사실,
그것을 하기 싫다고 다짐하는 것이다.
그러므로 그것은 실행되지 않는다.
-스피노자-

☀ 긍정 확언 3가지

1. 빨리 가는 길은 없으니 조급해하지 말고 천천히 최선을 다해 노력하자.
2. 나는 계속 공부하고 도전할 수 있다.
3. 나는 모든 일에 열정적이다.

긍정 확언 필사 다시 쓰기

1. ＿＿＿＿＿＿＿＿＿＿＿＿＿＿＿＿＿＿＿＿＿＿＿＿＿＿＿＿＿＿＿
2. ＿＿＿＿＿＿＿＿＿＿＿＿＿＿＿＿＿＿＿＿＿＿＿＿＿＿＿＿＿＿＿
3. ＿＿＿＿＿＿＿＿＿＿＿＿＿＿＿＿＿＿＿＿＿＿＿＿＿＿＿＿＿＿＿

Q & A

다른 사람이 말하는 나의 장점은 무엇인가?

감사일기 쓰기

1. ＿＿＿＿＿＿＿＿＿＿＿＿＿＿＿＿＿＿＿＿＿＿＿＿＿＿＿＿＿＿＿
2. ＿＿＿＿＿＿＿＿＿＿＿＿＿＿＿＿＿＿＿＿＿＿＿＿＿＿＿＿＿＿＿
3. ＿＿＿＿＿＿＿＿＿＿＿＿＿＿＿＿＿＿＿＿＿＿＿＿＿＿＿＿＿＿＿
4. ＿＿＿＿＿＿＿＿＿＿＿＿＿＿＿＿＿＿＿＿＿＿＿＿＿＿＿＿＿＿＿

🌙 칭찬일기 쓰기

오늘의 나를 뒤돌아보는 시간

+135

> 우리는 익숙해진 생활에서 쫓겨나면 절망하지만,
> 실제는 거기서 새롭고 좋은 일이 시작된다.
> 생명이 있는 동안은 행복도 있다.
> **-톨스토이-**

☀ 긍정 확언 3가지

1. 일상의 사소한 것들이 모두 소중하다.
2. 생각지도 못했던 감사한 일들이 많다.
3. 행복한 일들이 많지만 잘 몰랐다는 걸 깨닫는다.

긍정 확언 필사 다시 쓰기

1. _____
2. _____
3. _____

Q & A

다른 사람이 말하는 나의 부족한 점은 무엇인가?

감사일기 쓰기

1. _____
2. _____
3. _____
4. _____

🌙 칭찬일기 쓰기

_____

오늘의 나를 뒤돌아보는 시간

지금 삶에 재미가 없는 것은
지금 내 삶에 집중하지 않았기 때문이다.
-혜민 스님-

☀ 긍정 확언 3가지

1. 나는 오늘도 긍정 확언을 적으며 긍정적인 하루를 보낼 것이다.
2. 내 삶은 긍정 확언을 외치며 더욱 긍정적이게 변화하고 있다.
3. 나를 존중해주는 사람들이 많다.

긍정 확언 필사 다시 쓰기

1. _____
2. _____
3. _____

Q & A

내가 좋아하지 않는 나의 모습이 있나?

감사일기 쓰기

1. _____
2. _____
3. _____
4. _____

🌙 칭찬일기 쓰기

_____

오늘의 나를 되돌아보는 시간

+137

사람들은 항상 내게 늦었다고 말했다. 하지만 지금이야말로 가장 고마워해야 할 시간이다.
진심으로 무언가를 추구하는 사람에겐 바로 지금이 인생에서 젊은 때.
즉 무언가를 시작하기에 딱 좋은 때이다.
- 이소영 -

☀ 긍정 확언 3가지

1. 기분 좋아지는 것들로 가까이하자.
2. 오늘 명언을 읽고 또 많은 것을 깨달았다.
3. 오늘도 행복하게 보내자!

긍정 확언 필사 다시 쓰기

1. _____
2. _____
3. _____

Q & A

내가 제일 잘 한다고 생각하는 것은 무엇인가?

감사일기 쓰기

1. _____
2. _____
3. _____
4. _____

🌙 칭찬일기 쓰기

_____

오늘의 나를 뒤돌아보는 시간

+138

DATE _____. ____. ____.

Get Up ____:____

하루 15시간씩 일주일에 6일을 꼬박 일했다. 60여 년간 매일 아침 4시면 일어났다.
약속한 것보다 더 이뤄내기 위해 노력해야 한다.
자신의 일에 전부를 투자하는 건 인생의 진수다.
-존 템플턴-

☼ 긍정 확언 3가지

1. 내가 말하는 대로 이루어진다.
2. 누구도 나를 방해할 수 없다.
3. 내 시간은 오직 나를 위한 것이다.

긍정 확언 필사 다시 쓰기

1. _____
2. _____
3. _____

Q & A

나의 모토는 무엇인가?

감사일기 쓰기

1. _____
2. _____
3. _____
4. _____

☾ 칭찬일기 쓰기

_____

오늘의 나를 뒤돌아보는 시간

+139

살아야 할 이유를 아는 사람은 어떠한 상황도 견딜 수 있다.
-니체-

☀ 긍정 확언 3가지

1. 나는 살아 있음에 성공할 수밖에 없다.
2. 세상에 나쁜 경험은 없다.
3. 안 되면 되게 만들면 된다.

긍정 확언 필사 다시 쓰기

1. _____
2. _____
3. _____

Q & A

당신이 생각하는 올바른 삶은 무엇인가요?

감사일기 쓰기

1. _____
2. _____
3. _____
4. _____

☾ 칭찬일기 쓰기

_____

오늘의 나를 뒤돌아보는 시간

+140

DATE ＿＿. ＿＿. ＿＿.

Get Up ＿＿:＿＿

인생을 이해하려고 애쓰지 말고 인생을 살아라.
사랑을 애써 이해하려 들지 말라. 사랑 안으로 들어가라.
-오쇼-

☼ 긍정 확언 3가지

1. 세상에 불가능은 없다.
2. 나에겐 그 누구에게도 없는 가치가 있다.
3. 내 인생에서 일어나는 모든 일에 감사한다.

긍정 확언 필사 다시 쓰기

1. ＿＿＿＿＿＿＿＿＿＿＿＿＿＿＿＿＿＿＿＿＿＿＿＿＿＿＿
2. ＿＿＿＿＿＿＿＿＿＿＿＿＿＿＿＿＿＿＿＿＿＿＿＿＿＿＿
3. ＿＿＿＿＿＿＿＿＿＿＿＿＿＿＿＿＿＿＿＿＿＿＿＿＿＿＿

Q & A

나의 마음을 잡아주는 문구 또는 마음가짐은 무엇인가?

감사일기 쓰기

1. ＿＿＿＿＿＿＿＿＿＿＿＿＿＿＿＿＿＿＿＿＿＿＿＿＿＿＿
2. ＿＿＿＿＿＿＿＿＿＿＿＿＿＿＿＿＿＿＿＿＿＿＿＿＿＿＿
3. ＿＿＿＿＿＿＿＿＿＿＿＿＿＿＿＿＿＿＿＿＿＿＿＿＿＿＿
4. ＿＿＿＿＿＿＿＿＿＿＿＿＿＿＿＿＿＿＿＿＿＿＿＿＿＿＿

☾ 칭찬일기 쓰기

＿＿＿＿＿＿＿＿＿＿＿＿＿＿＿＿＿＿＿＿＿＿＿＿＿＿＿＿＿

오늘의 나를 되돌아보는 시간

📅 DATE _____. _____. _____.

⏰ Get Up _____:_____

아무리 약한 사람이라도 단 하나의 목적에 자신의 온 힘을 집중시킴으로써
무엇인가 성취할 수 있지만, 아무리 강한 사람이라도 힘을 많은 목적에 분산하면
어떤 것도 성취할 수 없다.
- 몽테스키외-

☼ 긍정 확언 3가지

1. 나 자신을 사랑한다.
2. 나는 사람들을 이끄는 힘이 있다.
3. 내 일을 사랑한다.

긍정 확언 필사 다시 쓰기

1. _____
2. _____
3. _____

Q & A

배움, 공부에 대한 생각이 어떠한가?

감사일기 쓰기

1. _____
2. _____
3. _____
4. _____

☾ 칭찬일기 쓰기

_____

오늘의 나를 뒤돌아보는 시간

+142

재미가 없다면, 왜 그것을 하고 있는가?
-제리 그린필드-

☀ 긍정 확언 3가지

1. 나이는 나를 표현하는 숫자에 불과하다.
2. 나의 목표는 소중하다.
3. 나는 운이 넘치는 사람이다.

긍정 확언 필사 다시 쓰기

1. _____
2. _____
3. _____

Q & A

자신을 사랑하는가?

감사일기 쓰기

1. _____
2. _____
3. _____
4. _____

🌙 칭찬일기 쓰기

_____

오늘의 나를 뒤돌아보는 시간

내 인생에서 어떤 일이 일어나든 감사하는 법을 배웠을 때, 기회, 사람들과의 관계, 부까지도 내게로 다가왔다. 감사해야 할 것에 제대로 감사를 표하는 것, (역경, 고통, 슬픔 같은) 쉽게 감사하기 어려운 것에도 기꺼이 감사할 때, 인생은 분명 천국이 된다.

-오프라 윈프리-

☀ 긍정 확언 3가지

1. 내 삶의 방향키는 나에게만 있다.
2. 내 주변에는 좋은 사람들만 가득하다.
3. 나의 가치를 세상은 인정할 수밖에 없다.

긍정 확언 필사 다시 쓰기

1. _____
2. _____
3. _____

Q & A

내 삶의 속도는 어떤 것 같나?

감사일기 쓰기

1. _____
2. _____
3. _____
4. _____

🌙 칭찬일기 쓰기

_____

오늘의 나를 되돌아보는 시간

+144

> 성공은 당신이 상상하는 것처럼 어렵지 않다.
> 자신감을 가지고 목표를 향해 끊임없이 시도하고 노력한다면
> 생각 하나만으로 목표를 이룰 수도 있다.
> **-데일 카네기-**

☀️ 긍정 확언 3가지

1. 부정적인 생각은 절대 나를 이길 수 없다.
2. 나는 엄청난 끈기가 있다.
3. 항상 새로운 아이디어가 넘쳐난다.

긍정 확언 필사 다시 쓰기

1. ＿＿＿＿＿＿＿＿＿＿＿＿＿＿＿＿＿＿＿＿＿＿＿＿＿＿＿
2. ＿＿＿＿＿＿＿＿＿＿＿＿＿＿＿＿＿＿＿＿＿＿＿＿＿＿＿
3. ＿＿＿＿＿＿＿＿＿＿＿＿＿＿＿＿＿＿＿＿＿＿＿＿＿＿＿

Q & A

나는 나 자신과 얼마나 친하다고 생각하는가?

감사일기 쓰기

1. ＿＿＿＿＿＿＿＿＿＿＿＿＿＿＿＿＿＿＿＿＿＿＿＿＿＿＿
2. ＿＿＿＿＿＿＿＿＿＿＿＿＿＿＿＿＿＿＿＿＿＿＿＿＿＿＿
3. ＿＿＿＿＿＿＿＿＿＿＿＿＿＿＿＿＿＿＿＿＿＿＿＿＿＿＿
4. ＿＿＿＿＿＿＿＿＿＿＿＿＿＿＿＿＿＿＿＿＿＿＿＿＿＿＿

🌙 칭찬일기 쓰기

＿＿＿＿＿＿＿＿＿＿＿＿＿＿＿＿＿＿＿＿＿＿＿＿＿＿＿＿＿

> 오늘의 나를 되돌아보는 시간

+145

풍요 속에서는 친구들이 나를 알게 되고, 역경 속에서는 내가 친구를 알게 된다.
-존 철튼 콜린스-

☼ 긍정 확언 3가지

1. 예상치 못한 일이 일어나도 그걸 기회로 사용한다.
2. 상상하는 모든 걸 가질 수 있다.
3. 사랑하는 가족들과 행복한 삶을 살 것이다.

긍정 확언 필사 다시 쓰기

1. _____
2. _____
3. _____

Q & A

나의 낯선 의외의 모습은 무엇인가?

감사일기 쓰기

1. _____
2. _____
3. _____
4. _____

☾ 칭찬일기 쓰기

_____

오늘의 나를 되돌아보는 시간

+146

인생은 흘러가는 것이 아니라 채워지는 것이다.
우리는 하루하루를 보내는 것이 아니라 내가 가진 무엇으로 채워가는 것이다.
-존 러스킨-

☼ 긍정 확언 3가지

1. 책은 인생의 동반자다.
2. 내가 정한 길은 추월차선이다.
3. 내가 나인 것에 다른 사람을 이해시킬 필요는 없다.

긍정 확언 필사 다시 쓰기

1. _____
2. _____
3. _____

Q & A

자신을 믿는 방법은 무엇인가?

감사일기 쓰기

1. _____
2. _____
3. _____
4. _____

☾ 칭찬일기 쓰기

_____

오늘의 나를 뒤돌아보는 시간

+ 147

인간을 현재의 모습으로 판단한다면 그는 더 나빠질 것이다.
하지만 그를 미래의 가능한 모습으로 바라보라.
그러면 그는 정말로 그런 사람이 될 것이다.
-요한 볼프강 폰 괴테-

☀ 긍정 확언 3가지

1. 실패를 걱정할 시간이 없다.
2. 모든 시도는 반드시 무언가를 남긴다.
3. 나의 시도는 실패 없이 다 이뤄진다.

긍정 확언 필사 다시 쓰기

1. ＿＿＿＿＿＿＿＿＿＿＿＿＿＿＿＿＿＿＿＿＿＿＿＿＿＿
2. ＿＿＿＿＿＿＿＿＿＿＿＿＿＿＿＿＿＿＿＿＿＿＿＿＿＿
3. ＿＿＿＿＿＿＿＿＿＿＿＿＿＿＿＿＿＿＿＿＿＿＿＿＿＿

Q & A

기분 좋아질 수 있는 팁이 있다면 무엇인가?

감사일기 쓰기

1. ＿＿＿＿＿＿＿＿＿＿＿＿＿＿＿＿＿＿＿＿＿＿＿＿＿＿
2. ＿＿＿＿＿＿＿＿＿＿＿＿＿＿＿＿＿＿＿＿＿＿＿＿＿＿
3. ＿＿＿＿＿＿＿＿＿＿＿＿＿＿＿＿＿＿＿＿＿＿＿＿＿＿
4. ＿＿＿＿＿＿＿＿＿＿＿＿＿＿＿＿＿＿＿＿＿＿＿＿＿＿

☾ 칭찬일기 쓰기

오늘의 나를 뒤돌아보는 시간

나는 유별나게 머리가 똑똑하지 않다. 특별한 지혜가 많은 것도 아니다.
다만 나는 변화하고자 하는 마음을 생각으로 옮겼을 뿐이다.
-빌 게이츠-

☀ 긍정 확언 3가지

1. 성공의 반대는 도전하지 않는 것이지 실패가 아니다.
2. 실패는 성공에 필요한 과정이다.
3. 나는 이미 성공할 준비가 되어있다.

긍정 확언 필사 다시 쓰기

1. _____
2. _____
3. _____

Q & A

컨디션을 회복할 땐 주로 어떻게 하나?

감사일기 쓰기

1. _____
2. _____
3. _____
4. _____

🌙 칭찬일기 쓰기

_____

오늘의 나를 뒤돌아보는 시간

+149

인생은 한 권의 책과 같다.
어리석은 이는 그것을 마구 넘겨 버리지만, 현명한 이는 열심히 읽는다.
인생은 단 한 번만 읽을 수 있다는 것을 알기 때문이다.
-상 파울-

☀ 긍정 확언 3가지

1. 나는 최고다.
2. 내 안에는 성공을 만드는 거인이 있다.
3. 나는 행복할 수밖에 없다.

긍정 확언 필사 다시 쓰기

1. _____
2. _____
3. _____

Q & A

감정을 컨트롤하거나 받아들일 수 있는 팁이 있는가?

감사일기 쓰기

1. _____
2. _____
3. _____
4. _____

🌙 칭찬일기 쓰기

_____

오늘의 나를 뒤돌아보는 시간

+150

대부분의 사람은 자신이 마음먹은 만큼만 행복하다.
-에이브러햄 링컨-

☀ 긍정 확언 3가지

1. 실행하면 성장한다.
2. 오히려 좋아.
3. 성공의 공식을 나는 알고 있다.

긍정 확언 필사 다시 쓰기

1. _____
2. _____
3. _____

Q & A

나의 강박은 무엇인가?

감사일기 쓰기

1. _____
2. _____
3. _____
4. _____

🌙 칭찬일기 쓰기

_____

오늘의 나를 뒤돌아보는 시간

+151

성공이란 열정을 잃지 않고 실패를 거듭할 수 있는 능력이다.
-윈스턴 처칠-

☀ 긍정 확언 3가지

1. 나는 항상 에너지가 넘친다.
2. 사람들은 나의 긍정 에너지를 부러워한다.
3. 내 인생의 모든 장애물은 무조건 넘을 수 있다.

긍정 확언 필사 다시 쓰기

1. _____
2. _____
3. _____

Q & A

내가 느끼는 습관과 강박의 차이는 무엇인가?

감사일기 쓰기

1. _____
2. _____
3. _____
4. _____

🌙 칭찬일기 쓰기

_____

오늘의 나를 뒤돌아보는 시간

+152

> 네 믿음은 네 생각이 된다. 네 생각은 네 말이 된다.
> 네 말은 네 행동이 된다. 네 행동은 네 습관이 된다.
> 네 습관은 네 가치가 된다. 네 가치는 네 운명이 된다.
> **-마하트마 간디-**

☀ 긍정 확언 3가지

1. 견디면 그만큼 단단해진다.
2. 나는 모든 것을 사랑한다.
3. 모든 일을 긍정적으로 볼 수 있다.

긍정 확언 필사 다시 쓰기

1. _____
2. _____
3. _____

Q & A

가장 힘이 나는 순간은 언제인가?

감사일기 쓰기

1. _____
2. _____
3. _____
4. _____

🌙 칭찬일기 쓰기

_____

오늘의 나를 되돌아보는 시간

+153

좋은 성과를 얻으려면 한 걸음 한 걸음이
힘차고 충실하지 않으면 안 된다
-단테-

☀ 긍정 확언 3가지

1. 내가 변화를 원하면 변화할 수 있다.
2. 내 믿음은 다이아몬드다. 절대 깨질 수 없다.
3. 기회는 수없이 많다. 잡기만 하면 된다.

긍정 확언 필사 다시 쓰기

1. _____
2. _____
3. _____

Q & A

스스로 자랑스럽다고 느껴지는 순간은 언제인가?

감사일기 쓰기

1. _____
2. _____
3. _____
4. _____

🌙 칭찬일기 쓰기

_____

> 오늘의 나를 뒤돌아보는 시간

📅 DATE _____. _____. _____.

⏰ Get Up _____:_____

성공의 비결은 단 한 가지,
잘할 수 있는 일에 광적으로 집중하는 것이다.
-톰 모나건-

☀ 긍정 확언 3가지

1. 나는 이미 달성했다.
2. 어디에 가든 항상 배움이 있다.
3. 도전함으로써 나는 성장한다.

긍정 확언 필사 다시 쓰기

1. _____
2. _____
3. _____

Q & A

내가 우울해지는 순간은 언제인가?

감사일기 쓰기

1. _____
2. _____
3. _____
4. _____

🌙 칭찬일기 쓰기

_____

오늘의 나를 되돌아보는 시간

+155

⏰ Get Up ____:____

> 진정으로 웃으려면 고통을 참아야 하며,
> 나아가 고통을 즐길 줄 알아야 한다.
> **-찰리 채플린-**

☀️ 긍정 확언 3가지

1. 성공은 나의 사명이자 의무다.
2. 나를 가로막는 모든 것들을 박살 내겠다.
3. 내 목표로 가는 길에 브레이크는 존재하지 않는다.

긍정 확언 필사 다시 쓰기

1. _____
2. _____
3. _____

Q & A

눈물이 흘러나오는 순간은 언제인가요?

감사일기 쓰기

1. _____
2. _____
3. _____
4. _____

🌙 칭찬일기 쓰기

_____

오늘의 나를 뒤돌아보는 시간

181

+156

어제를 절대로 후회하지 마라.
인생은 오늘의 내 안에 있고 내일은 스스로 만드는 것이다.
-L. 롬바르드-

☀ 긍정 확언 3가지

1. 두려움은 내가 잘 가고 있다는 신호다.
2. 안 되는 이유는 존재하지 않는다.
3. 인생은 과감한 모험이다.

긍정 확언 필사 다시 쓰기

1. _____
2. _____
3. _____

Q & A

스스로 실망스러워지는 순간이 있었다면 그것은 언제였나?

감사일기 쓰기

1. _____
2. _____
3. _____
4. _____

🌙 칭찬일기 쓰기

_____

오늘의 나를 뒤돌아보는 시간

+157

> 어리석은 자는 멀리서 행복을 찾고
> 현명한 자는 자신의 발치에서 행복을 키워간다.
> **-제임스 오펜하임-**

☀ 긍정 확언 3가지

1. 인생은 짧다. 행복하게 살자.
2. 내 미래는 과거보다 밝다.
3. 나는 이 세상에서 짱이다.

긍정 확언 필사 다시 쓰기

1. _____
2. _____
3. _____

Q & A

나는 어떤 사람으로 기억되고 싶은가?

감사일기 쓰기

1. _____
2. _____
3. _____
4. _____

🌙 칭찬일기 쓰기

_____

오늘의 나를 뒤돌아보는 시간

📅 DATE ____. ____. ____.

⏰ Get Up ____:____

> 너무 소심하고 까다롭게 자신의 행동을 고민하지 말라.
> 모든 인생은 실험이다. 더 많이 실험할수록 더 나아진다
> **-랄프 왈도 에머슨-**

☀ 긍정 확언 3가지

1. 실패는 성공으로 가는 자연스러운 과정이다.
2. 삶에서 일어나는 모든 일은 다 이유가 있다.
3. 우리의 의지를 꺾을 수 있는 것은 아무것도 없다.

긍정 확언 필사 다시 쓰기

1. _____
2. _____
3. _____

Q & A

지금 나를 둘러싸고 있는 것은 무엇인가?

감사일기 쓰기

1. _____
2. _____
3. _____
4. _____

🌙 칭찬일기 쓰기

_____

오늘의 나를 뒤돌아보는 시간

📅 DATE _____. _____. _____.

⏰ Get Up _____ : _____

오랫동안 꿈을 그리는 사람은 마침내 그 꿈을 닮아간다.
-앙드레 말로-

☀️ 긍정 확언 3가지

1. 성공의 시기가 늦을 순 있어도 안 오진 않는다.
2. 긍정의 힘은 강력하다.
3. 꾸준함은 성공의 길을 달리는 자동차의 바퀴다.

긍정 확언 필사 다시 쓰기

1. _____
2. _____
3. _____

Q & A

지금 나의 기분 또는 감정은 어떠한가?

감사일기 쓰기

1. _____
2. _____
3. _____
4. _____

🌙 칭찬일기 쓰기

_____

오늘의 나를 뒤돌아보는 시간

+160

DATE ____. ____. ____.

Get Up ____:____

> 행복은 습관이다. 그것을 몸에 지녀라.
> **-허버드-**

금정 확인 3가지

1. 넘어지면 다시 일어나면 된다.
2. 인생의 0 순위는 나 자신이다.
3. 나는 나의 일을 즐길 줄 안다.

금정 확인 필사 다시 쓰기

1. _____
2. _____
3. _____

Q & A

지금 원하는 것이 있다면 무엇인가?

감사일기 쓰기

1. _____
2. _____
3. _____
4. _____

칭찬일기 쓰기

_____

오늘의 나를 뒤돌아보는 시간

+ 161

자신감 있는 표정을 지으면 자신감이 생긴다.
-찰스 다윈-

☀️ 긍정 확언 3가지

1. 우리는 감정을 컨트롤 할 수 있다.
2. 인생은 한 번뿐이다. 무엇이든 해보자.
3. 우리의 에너지는 절대로 방전되지 않는다.

긍정 확언 필사 다시 쓰기

1. _____
2. _____
3. _____

Q & A

당신의 삶에서 가장 중요한 것은 무엇인가요?

감사일기 쓰기

1. _____
2. _____
3. _____
4. _____

🌙 칭찬일기 쓰기

_____

오늘의 나를 뒤돌아보는 시간

+162

평생 살 것처럼 꿈을 꾸어라.
그리고 내일 죽을 것처럼 오늘을 살아라.
-제임스 딘-

☼ 긍정 확언 3가지

1. 나만의 스토리는 엄청난 가치가 있다.
2. 오늘의 시간들은 가장 큰 자산이다.
3. 하루에 1%만 성장해도 1년이면 365%가 성장한다.

긍정 확언 필사 다시 쓰기

1. ＿＿＿＿＿＿＿＿＿＿＿＿＿＿＿＿＿＿＿＿＿＿＿＿＿＿＿
2. ＿＿＿＿＿＿＿＿＿＿＿＿＿＿＿＿＿＿＿＿＿＿＿＿＿＿＿
3. ＿＿＿＿＿＿＿＿＿＿＿＿＿＿＿＿＿＿＿＿＿＿＿＿＿＿＿

Q & A

내게만 있는 행운이 있다면 무엇일까?

감사일기 쓰기

1. ＿＿＿＿＿＿＿＿＿＿＿＿＿＿＿＿＿＿＿＿＿＿＿＿＿＿＿
2. ＿＿＿＿＿＿＿＿＿＿＿＿＿＿＿＿＿＿＿＿＿＿＿＿＿＿＿
3. ＿＿＿＿＿＿＿＿＿＿＿＿＿＿＿＿＿＿＿＿＿＿＿＿＿＿＿
4. ＿＿＿＿＿＿＿＿＿＿＿＿＿＿＿＿＿＿＿＿＿＿＿＿＿＿＿

☾ 칭찬일기 쓰기

＿＿＿＿＿＿＿＿＿＿＿＿＿＿＿＿＿＿＿＿＿＿＿＿＿＿＿＿＿

> 오늘의 나를 뒤돌아보는 시간

+163

DATE ____. ____. ____.

Get Up ____:____

> 화려한 일을 추구하지 말라.
> 중요한 것은 자신의 재능이며 자신의 행동에 쏟아붓는 사랑의 정도이다.
> **-마더 테레사-**

☀ 긍정 확언 3가지

1. 나는 정말 해낼 수 있다.
2. 매 순간 감사하는 삶을 살자.
3. 이미 이룬 것처럼 살아가자.

긍정 확언 필사 다시 쓰기

1. _____
2. _____
3. _____

Q & A

둘이 함께 가고 싶은 다섯 군데를 정해본다면 어디가 좋은가?

감사일기 쓰기

1. _____
2. _____
3. _____
4. _____

☾ 칭찬일기 쓰기

_____

오늘의 나를 되돌아보는 시간

+164

> 인간이 불행한 이유는 자신이 행복하다는 사실을 모르기 때문이다.
> 단지 그뿐이다.
> **-표도르 도스토옙스키-**

☀ 긍정 확언 3가지

1. 오늘 아침도 좋아하는 노래를 들으며 시작한다.
2. 하늘을 올려다보는 시간을 가지자.
3. 나의 장점은 말하기 입 아플 정도로 많다,

긍정 확언 필사 다시 쓰기

1. _____
2. _____
3. _____

Q & A

친구에게 들려주고 싶은 노래는 무엇인가?

감사일기 쓰기

1. _____
2. _____
3. _____
4. _____

🌙 칭찬일기 쓰기

_____

오늘의 나를 뒤돌아보는 시간

+165

나만이 내 인생을 바꿀 수 있다.
아무도 날 대신해 줄 수 없다.
-캐롤 버넷-

☀️ 긍정 확언 3가지

1. 매일 아침을 활기차고 긍정적으로 시작한다.
2. 나의 잠재력은 무한하다.
3. 나는 겸손하면서도 흔들림이 없다.

긍정 확언 필사 다시 쓰기

1. _____
2. _____
3. _____

Q & A

정말 좋아서 매일매일 하고 싶은 것이 있는가?

감사일기 쓰기

1. _____
2. _____
3. _____
4. _____

🌙 칭찬일기 쓰기

_____

오늘의 나를 뒤돌아보는 시간

+166

출생과 죽음은 피할 수 없으므로 그 사이를 즐겨라.
-조지 산타야나-

☀ 긍정 확언 3가지

1. 나의 성공은 내가 정한다.
2. 남과 나 자신을 비교하지 않는다.
3. 나를 존중하고 깊이 사랑한다.

긍정 확언 필사 다시 쓰기

1. _____
2. _____
3. _____

Q & A

집에 들어서면 무엇이 가장 먼저 보였으면 좋겠는가?

감사일기 쓰기

1. _____
2. _____
3. _____
4. _____

🌙 칭찬일기 쓰기

_____

오늘의 나를 되돌아보는 시간

+167

DATE ____. ____. ____.

Get Up ____:____

그대는 인생을 사랑하는가? 그렇다면 시간을 낭비하지 말라.
시간이야말로 인생을 형성하는 재료이기 때문이다.
-벤자민 프랭클린-

☀ 긍정 확언 3가지

1. 걱정할 필요 없다.
2. 마음 먹으면 잘할 수 있다.
3. 나는 행운을 확신하며 믿는다.

긍정 확언 필사 다시 쓰기

1. _____
2. _____
3. _____

Q & A

어렸을 때 가장 행복했던 기억은 무엇인가?

감사일기 쓰기

1. _____
2. _____
3. _____
4. _____

☾ 칭찬일기 쓰기

_____

오늘의 나를 뒤돌아보는 시간

+168

> 고난의 시기에 동요하지 않는 것,
> 이것은 진정 칭찬받을 만한 뛰어난 인물의 증거다.
> **-베토벤-**

☀ 긍정 확언 3가지

1. 원하는 것이 무엇이든 성취한다.
2. 잘못을 인정하는 걸 두려워하지 않는다
3. 뚜렷한 목표를 가지고 매일 규칙적으로 실천한다.

긍정 확언 필사 다시 쓰기

1. _____
2. _____
3. _____

Q & A

내 인생의 좌우명은 무엇인가?

감사일기 쓰기

1. _____
2. _____
3. _____
4. _____

🌙 칭찬일기 쓰기

_____

오늘의 나를 뒤돌아보는 시간

+ 169

DATE ___. ___. ___.

Get Up ___:___

적은 기회로부터 종종 위대한 업적이 시작된다
-데모스테네스-

☀ 긍정 확언 3가지

1. 우리는 모두 완벽할 수 없는 존재인 걸 받아들인다.
2. 과거의 일에 대해 후회하지 않는다.
3. 현재에 충실히 잘 살아가고 있다.

긍정 확언 필사 다시 쓰기

1. _____
2. _____
3. _____

Q & A

어린 시절 좋아했던 만화 캐릭터는?

감사일기 쓰기

1. _____
2. _____
3. _____
4. _____

🌙 칭찬일기 쓰기

_____

오늘의 나를 뒤돌아보는 시간

세상은 고통으로 가득하지만,
그것을 극복하는 사람들로도 가득하다.
-헬렌 켈러-

☀ 긍정 확언 3가지

1. 내 인생의 모든 경험은 징검다리다.
2. 인생에서 일어나는 모든 일은 성장을 위한 디딤돌이다.
3. 나는 어떤 실수를 했든지 나 자신을 사랑한다.

긍정 확언 필사 다시 쓰기

1. _____
2. _____
3. _____

Q & A

아침에 눈을 떴을 때 가장 먼저 하는 것은?

감사일기 쓰기

1. _____
2. _____
3. _____
4. _____

🌙 칭찬일기 쓰기

_____

오늘의 나를 뒤돌아보는 시간

> 문제는 목적지에 얼마나 빨리 가느냐가 아니라,
> 그 목적지가 어디냐는 것이다.
> **-메이벌 뉴컴버-**

☀ 긍정 확언 3가지

1. 오늘은 멋진 하루를 보낼 거다.
2. 내 꿈을 이루기 위해 충분한 자질이 있다.
3. 나는 충분히 똑똑하고 용기 있고 건강하다.

긍정 확언 필사 다시 쓰기

1. _____
2. _____
3. _____

Q & A

최근에 가장 즐거웠던 일은 무엇인가?

감사일기 쓰기

1. _____
2. _____
3. _____
4. _____

🌙 칭찬일기 쓰기

_____

◀ 오늘의 나를 뒤돌아보는 시간 ▶

197

+172

원하는 것을 얻기 위한 첫 단계는
내가 무엇을 원하는지 결정하는 것이다.
-벤스타인-

☀ 긍정 확언 3가지

1. 나는 행동하는 사람이다.
2. 나는 내 인생을 즐기고 있다.
3. 나의 하루를 좋은 습관으로 채워간다.

긍정 확언 필사 다시 쓰기

1. _____
2. _____
3. _____

Q & A

나는 목욕하는 것을 좋아하나?

감사일기 쓰기

1. _____
2. _____
3. _____
4. _____

🌙 칭찬일기 쓰기

_____

오늘의 나를 뒤돌아보는 시간

+173

고통이 남기고 간 뒤를 보라!
고난이 지나면 반드시 기쁨이 스며든다.
-괴테-

☀ 긍정 확언 3가지

1. 오늘도 나는 변할 수 있다.
2. 인생이 내게 필요한 걸 전부 가져다줄 거라고 믿는다.
3. 단 하나의 무한한 지성이 언제나 나를 긍정적으로 만든다.

긍정 확언 필사 다시 쓰기

1. _____
2. _____
3. _____

Q & A

지금 하늘은 무슨 색인가?

감사일기 쓰기

1. _____
2. _____
3. _____
4. _____

🌙 칭찬일기 쓰기

_____

오늘의 나를 되돌아보는 시간

+ 174

만약 우리가 할 수 있는 일을 모두 한다면
우리는 자신에게 깜짝 놀랄 것이다.
-에디슨-

☀ 긍정 확언 3가지

1. 내 존재 자체의 훌륭함을 인정한다.
2. 나는 오늘 긍정적인 말만 할 것을 다짐한다.
3. 내 주변에는 긍정적인 사람들로 가득하다.

긍정 확언 필사 다시 쓰기

1. _____
2. _____
3. _____

Q & A

나의 매일매일을 즐겁게 하는 것은 무엇인가?

감사일기 쓰기

1. _____
2. _____
3. _____
4. _____

☾ 칭찬일기 쓰기

_____

오늘의 나를 뒤돌아보는 시간

+175

돈이란 바닷물과도 같다.
그것은 마시면 마실수록 목이 말라진다.
-쇼펜하우어-

☀ 긍정 확언 3가지

1. 지금 이 순간 집중할 수 있도록 하자.
2. 쫄지 말자. 할 수 있다.
3. 후회할 시간에 더 움직이자.

긍정 확언 필사 다시 쓰기

1. _____
2. _____
3. _____

Q & A

내 이상형에 가까운 연예인은 누구인가?

감사일기 쓰기

1. _____
2. _____
3. _____
4. _____

🌙 칭찬일기 쓰기

_____

오늘의 나를 뒤돌아보는 시간

이룰 수 없는 꿈을 꾸고 이길 수 없는 적과 싸우며, 이룰 수 없는 사랑을 하고
견딜 수 없는 고통을 견디고, 잡을 수 없는 저 하늘의 별도 잡자.
-세르반테스-

☼ 긍정 확언 3가지

1. 해보면 별거 아니다. 나를 믿자.
2. 걱정하지 마. 잘 할 거야.
3. 아주 잘 하고 있어.

긍정 확언 필사 다시 쓰기

1. _____
2. _____
3. _____

Q & A

가장 좋아하는 책 제목과 그 이유는 무엇인가?

감사일기 쓰기

1. _____
2. _____
3. _____
4. _____

☾ 칭찬일기 쓰기

_____

오늘의 나를 되돌아보는 시간

+ 177

자신의 본성이 어떤 것이든 그에 충실하라. 자신이 가진 재능의 끈을 놓아 버리지 마라.
본성이 이끄는 대로 따르면 성공할 것이다.
-시드니 스미스-

☀ 긍정 확언 3가지

1. 오늘도 나는 나를 이겨내려고 노력한다.
2. 나는 집중력이 좋은 사람이다.
3. 나는 아직 젊다.

긍정 확언 필사 다시 쓰기

1. _____
2. _____
3. _____

Q & A

살면서 가장 인상 깊었던 말은?

감사일기 쓰기

1. _____
2. _____
3. _____
4. _____

🌙 칭찬일기 쓰기

_____

오늘의 나를 뒤돌아보는 시간

+178

겨울이 오면 봄이 멀지 않으리….
-셸리-

☀ 긍정 확언 3가지

1. 나는 내 감정과 싸우지 않는다.
2. 지쳤다는 것은 열심히 살았다는 뜻이다.
3. 나는 내 길을 걷고 있다.

긍정 확언 필사 다시 쓰기

1. _____
2. _____
3. _____

Q & A

내가 했던 상상 중에 이루어졌으면 좋겠는 상상은 무엇인가?

감사일기 쓰기

1. _____
2. _____
3. _____
4. _____

🌙 칭찬일기 쓰기

_____

오늘의 나를 뒤돌아보는 시간

+179

자신이 해야 할 일을 결정하는 사람은 세상에서 단 한 사람, 오직 나 자신뿐이다.
-오손 웰스-

☀ 긍정 확언 3가지

1. 하루하루가 밝아지면 삶이 밝아진다.
2. 나는 최고의 성공자이다.
3. 나는 빛이 난다.

긍정 확언 필사 다시 쓰기

1. ＿＿＿＿＿＿＿＿＿＿＿＿＿＿＿＿＿＿＿＿＿＿＿＿＿＿＿
2. ＿＿＿＿＿＿＿＿＿＿＿＿＿＿＿＿＿＿＿＿＿＿＿＿＿＿＿
3. ＿＿＿＿＿＿＿＿＿＿＿＿＿＿＿＿＿＿＿＿＿＿＿＿＿＿＿

Q & A

내가 좋아하는 나라는 어느 나라인가?

감사일기 쓰기

1. ＿＿＿＿＿＿＿＿＿＿＿＿＿＿＿＿＿＿＿＿＿＿＿＿＿＿＿
2. ＿＿＿＿＿＿＿＿＿＿＿＿＿＿＿＿＿＿＿＿＿＿＿＿＿＿＿
3. ＿＿＿＿＿＿＿＿＿＿＿＿＿＿＿＿＿＿＿＿＿＿＿＿＿＿＿
4. ＿＿＿＿＿＿＿＿＿＿＿＿＿＿＿＿＿＿＿＿＿＿＿＿＿＿＿

☾ 칭찬일기 쓰기

＿＿＿＿＿＿＿＿＿＿＿＿＿＿＿＿＿＿＿＿＿＿＿＿＿＿＿＿＿

오늘의 나를 뒤돌아보는 시간

+180

> 먹고 싶은 것을 다 먹는 것은 그렇게 재미있지 않다.
> 인생을 경계선 없이 살면 기쁨이 덜하다.
> 먹고 싶은 대로 다 먹을 수 있다면 먹고 싶은 것을 먹는데, 무슨 재미가 있겠는가.
> **- 톰 행크스 -**

☀ 긍정 확언 3가지

1. 내 삶에 다가오는 인연들은 나에게 줄 교훈을 가지고 있다.
2. 나는 기회를 빨리 알아차리는 능력이 있다.
3. 나는 모든 일에 진심이다.

긍정 확언 필사 다시 쓰기

1. _____
2. _____
3. _____

Q & A

가장 좋아하는 브랜드는?

감사일기 쓰기

1. _____
2. _____
3. _____
4. _____

🌙 칭찬일기 쓰기

_____

오늘의 나를 되돌아보는 시간

직접 눈으로 본 일도 오히려 참인지 아닌지 염려스러운데
더구나 등 뒤에서 남이 말하는 것이야 어찌 이것을 깊이 믿을 수 있으랴?
-명심보감-

☼ 긍정 확언 3가지

1. 나는 명확한 꿈과 목표를 가지고 있다.
2. 그 목표가 언제, 어떻게 실현될지를 잘 알고 있다.
3. 나는 다른 사람에게 사랑을 베풀 줄 아는 사람이다.

긍정 확언 필사 다시 쓰기

1. _____
2. _____
3. _____

Q & A

가장 싫어하는 행동 3가지는 무엇인가?

감사일기 쓰기

1. _____
2. _____
3. _____
4. _____

☾ 칭찬일기 쓰기

_____

오늘의 나를 되돌아보는 시간

+182

DATE ＿＿. ＿＿. ＿＿.

Get Up ＿＿:＿＿

실패는 잊어라. 그러나 그것이 준 교훈은 절대 잊으면 안 된다.
-하버트 개서-

☀ 긍정 확언 3가지

1. 멋진 하루를 보낼 나 자신을 응원한다.
2. 나는 오늘도 너무너무 행복한 사람이다.
3. 나는 극복하는 법을 잘 안다.

긍정 확언 필사 다시 쓰기

1. ＿＿＿＿＿＿＿＿＿＿＿＿＿＿＿＿＿＿＿＿＿＿＿＿＿＿＿
2. ＿＿＿＿＿＿＿＿＿＿＿＿＿＿＿＿＿＿＿＿＿＿＿＿＿＿＿
3. ＿＿＿＿＿＿＿＿＿＿＿＿＿＿＿＿＿＿＿＿＿＿＿＿＿＿＿

Q & A

가장 좋아하는 행동 3가지는 무엇인가?

감사일기 쓰기

1. ＿＿＿＿＿＿＿＿＿＿＿＿＿＿＿＿＿＿＿＿＿＿＿＿＿＿＿
2. ＿＿＿＿＿＿＿＿＿＿＿＿＿＿＿＿＿＿＿＿＿＿＿＿＿＿＿
3. ＿＿＿＿＿＿＿＿＿＿＿＿＿＿＿＿＿＿＿＿＿＿＿＿＿＿＿
4. ＿＿＿＿＿＿＿＿＿＿＿＿＿＿＿＿＿＿＿＿＿＿＿＿＿＿＿

☾ 칭찬일기 쓰기

오늘의 나를 뒤돌아보는 시간

+183

내가 헛되이 보낸 오늘은 어제 죽어간 이들이 그토록 바라던 하루이다.
단, 하루면 인간적인 모든 것을 멸망시킬 수도 다시 소생시킬 수도 있다.
-소포클레스-

☀ 긍정 확언 3가지

1. 나의 사전에 불가능이란 존재하지 않는다.

2. 나는 가족을 사랑하고 존중한다.

3. 나의 도전과 확언은 반드시 누군가를 움직이게 할 수 있다.

긍정 확언 필사 다시 쓰기

1. ＿＿＿＿＿＿＿＿＿＿＿＿＿＿＿＿＿＿＿＿＿＿＿＿＿＿
2. ＿＿＿＿＿＿＿＿＿＿＿＿＿＿＿＿＿＿＿＿＿＿＿＿＿＿
3. ＿＿＿＿＿＿＿＿＿＿＿＿＿＿＿＿＿＿＿＿＿＿＿＿＿＿

Q & A

나의 MBTI는 무엇인가?

감사일기 쓰기

1. ＿＿＿＿＿＿＿＿＿＿＿＿＿＿＿＿＿＿＿＿＿＿＿＿＿＿
2. ＿＿＿＿＿＿＿＿＿＿＿＿＿＿＿＿＿＿＿＿＿＿＿＿＿＿
3. ＿＿＿＿＿＿＿＿＿＿＿＿＿＿＿＿＿＿＿＿＿＿＿＿＿＿
4. ＿＿＿＿＿＿＿＿＿＿＿＿＿＿＿＿＿＿＿＿＿＿＿＿＿＿

🌙 칭찬일기 쓰기

＿＿＿＿＿＿＿＿＿＿＿＿＿＿＿＿＿＿＿＿＿＿＿＿＿＿＿＿

오늘의 나를 뒤돌아보는 시간

+184

> 성공으로 가는 엘리베이터는 고장이다.
> 당신은 계단을 이용해야만 한다. 한 계단 한 계단씩.
> **- 조 지라드-**

☀ 긍정 확언 3가지

1. 목표를 이루는 나 자신이 될 것이다.
2. 목표를 이루는 것은 즐겁다.
3. 내가 알고 있는 한도에서 최선을 다한다.

긍정 확언 필사 다시 쓰기

1. _____
2. _____
3. _____

Q & A

나의 퍼스널 컬러는 무엇인가?

감사일기 쓰기

1. _____
2. _____
3. _____
4. _____

🌙 칭찬일기 쓰기

_____

오늘의 나를 뒤돌아보는 시간

+185

길을 잃는다는 것은 곧 길을 알게 된다는 것이다.
-동아프리카 속담-

☀ 긍정 확언 3가지

1. 나의 모든 여행길에는 안전과 사랑이 동행한다.
2. 나 자신과 내가 변하는 방식을 인정한다.
3. 나의 시간을 소중히 여긴다.

긍정 확언 필사 다시 쓰기

1. ＿＿＿＿＿＿＿＿＿＿＿＿＿＿＿＿＿＿＿＿＿＿＿＿＿＿
2. ＿＿＿＿＿＿＿＿＿＿＿＿＿＿＿＿＿＿＿＿＿＿＿＿＿＿
3. ＿＿＿＿＿＿＿＿＿＿＿＿＿＿＿＿＿＿＿＿＿＿＿＿＿＿

Q & A

영화관에서 꼭 먹는 것이 있다면 어떤 것인가?

감사일기 쓰기

1. ＿＿＿＿＿＿＿＿＿＿＿＿＿＿＿＿＿＿＿＿＿＿＿＿＿＿
2. ＿＿＿＿＿＿＿＿＿＿＿＿＿＿＿＿＿＿＿＿＿＿＿＿＿＿
3. ＿＿＿＿＿＿＿＿＿＿＿＿＿＿＿＿＿＿＿＿＿＿＿＿＿＿
4. ＿＿＿＿＿＿＿＿＿＿＿＿＿＿＿＿＿＿＿＿＿＿＿＿＿＿

🌙 칭찬일기 쓰기

＿＿＿＿＿＿＿＿＿＿＿＿＿＿＿＿＿＿＿＿＿＿＿＿＿＿＿＿＿＿

오늘의 나를 뒤돌아보는 시간

+186

사막이 아름다운 것은 어딘가에 샘이 숨겨져 있기 때문이다.
-생떽쥐베리-

☀ 긍정 확언 3가지

1. 나는 내 시간을 가치 있게 가득 채울 것이다.
2. 가장 중요한 일에 집중해 제대로 해낼 수 있는 능력이 충분히 있다.
3. 나는 미루지 않는다.

긍정 확언 필사 다시 쓰기

1. _____
2. _____
3. _____

Q & A

남들과 다른 특별한 경험이 있는가?

감사일기 쓰기

1. _____
2. _____
3. _____
4. _____

☾ 칭찬일기 쓰기

_____

오늘의 나를 되돌아보는 시간

+187

가장 어두운 밤도 끝날 것이다. 그리고 태양은 떠오를 것이다.
-빈센트 반 고흐-

☀ 긍정 확언 3가지

1. 내 인생을 살자.
2. 오늘은 좋은 사람들과 좋은 만남을 가질 것이다.
3. 나는 시간에 얽매이지 않는다.

긍정 확언 필사 다시 쓰기

1. ＿＿＿＿＿＿＿＿＿＿＿＿＿＿＿＿＿＿＿
2. ＿＿＿＿＿＿＿＿＿＿＿＿＿＿＿＿＿＿＿
3. ＿＿＿＿＿＿＿＿＿＿＿＿＿＿＿＿＿＿＿

Q & A

도전해보고 싶은 직업이 있는가? 있다면 어떤 직업인가?

감사일기 쓰기

1. ＿＿＿＿＿＿＿＿＿＿＿＿＿＿＿＿＿＿＿
2. ＿＿＿＿＿＿＿＿＿＿＿＿＿＿＿＿＿＿＿
3. ＿＿＿＿＿＿＿＿＿＿＿＿＿＿＿＿＿＿＿
4. ＿＿＿＿＿＿＿＿＿＿＿＿＿＿＿＿＿＿＿

🌙 칭찬일기 쓰기

＿＿＿＿＿＿＿＿＿＿＿＿＿＿＿＿＿＿＿＿＿＿

오늘의 나를 뒤돌아보는 시간

📅 DATE _____. _____. _____.

⏰ Get Up _____:_____

세월보다 빠른 것은 없다.
-오비디우스-

☀ **긍정 확언 3가지**

1. 나의 모든 하루가 소중하다.
2. 모든 노력은 시간이 지나 반드시 돌아온다.
3. 하루에 세 번은 환하게 웃을 것이다.

긍정 확언 필사 다시 쓰기

1. _____
2. _____
3. _____

Q & A

꼭 만나보고 싶은 유명인이 있는가? 있다면 그 이유는 무엇인가?

감사일기 쓰기

1. _____
2. _____
3. _____
4. _____

🌙 **칭찬일기 쓰기**

_____

오늘의 나를 뒤돌아보는 시간

+189

📅 DATE _____. _____. _____.

⏰ Get Up _____:_____

인생은 꿈이다. 그 꿈을 실현하라.
-마더 테레사-

☀ 금정 확언 3가지

1. 나만을 위한 시간을 보낼 것이다.
2. 세상엔 감사한 일이 차고 넘친다.
3. 나는 모든 사람을 사랑으로 품을 수 있다.

금정 확언 필사 다시 쓰기

1. _____
2. _____
3. _____

Q & A

사랑하는 이가 배신한다면?

감사일기 쓰기

1. _____
2. _____
3. _____
4. _____

🌙 칭찬일기 쓰기

_____

> 오늘의 나를 뒤돌아보는 시간

215

어린이들은 세상에서 가장 귀중한 보배이며 최선의 미래 희망이다.
-존 F. 케네디-

☀ 긍정 확언 3가지

1. 나는 상대의 말을 잘 경청할 수 있다.
2. 나는 만족감을 오래 유지할 수 있다.
3. 나는 위기의 순간을 차분하게 대응한다.

긍정 확언 필사 다시 쓰기

1. _____
2. _____
3. _____

Q & A

가장 기억에 남는 추억 한 가지는 무엇인가?

감사일기 쓰기

1. _____
2. _____
3. _____
4. _____

🌙 칭찬일기 쓰기

_____

오늘의 나를 되돌아보는 시간

📅 DATE _____. _____. _____.

⏰ Get Up _____:_____

자신을 신뢰하는 순간 어떻게 살아야 할지 깨닫는다.
-요한 볼프강 폰 괴테-

☀️ **긍정 확언 3가지**

1. 나는 변화를 두려워하지 않는다.
2. 한 번의 실패로 절대 포기하지 않는다.
3. 나는 불평하지 않는다.

긍정 확언 필사 다시 쓰기

1. _____
2. _____
3. _____

Q & A

이성을 볼 때, 가장 먼저 보는 곳은 어디인가?

감사일기 쓰기

1. _____
2. _____
3. _____
4. _____

🌙 **칭찬일기 쓰기**

_____

오늘의 나를 뒤돌아보는 시간

+192

그 안에 즐거움이 있는 곳을 찾아라.
그리고 그 즐거움은 고통을 불태워 버릴 것이다.
-조지프 캠벨-

☀ 긍정 확언 3가지

1. 나는 어떤 경우에도 즐겁게 살 수 있다.
2. 오늘도 긍정적으로 살아갈 것이다.
3. 나는 멘탈이 강하다.

긍정 확언 필사 다시 쓰기

1. ＿＿＿＿＿＿＿＿＿＿＿＿＿＿＿＿＿＿＿＿＿＿＿＿
2. ＿＿＿＿＿＿＿＿＿＿＿＿＿＿＿＿＿＿＿＿＿＿＿＿
3. ＿＿＿＿＿＿＿＿＿＿＿＿＿＿＿＿＿＿＿＿＿＿＿＿

Q & A

가장 자주 하는 말은 무엇인가?

감사일기 쓰기

1. ＿＿＿＿＿＿＿＿＿＿＿＿＿＿＿＿＿＿＿＿＿＿＿＿
2. ＿＿＿＿＿＿＿＿＿＿＿＿＿＿＿＿＿＿＿＿＿＿＿＿
3. ＿＿＿＿＿＿＿＿＿＿＿＿＿＿＿＿＿＿＿＿＿＿＿＿
4. ＿＿＿＿＿＿＿＿＿＿＿＿＿＿＿＿＿＿＿＿＿＿＿＿

🌙 칭찬일기 쓰기

＿＿＿＿＿＿＿＿＿＿＿＿＿＿＿＿＿＿＿＿＿＿＿＿＿＿

오늘의 나를 뒤돌아보는 시간

+193

마음을 보아야지 외모를 보아서는 안 된다.
-이솝-

☀ 긍정 확언 3가지

1. 나는 시간을 아낌없이 소비할 수 있다.
2. 나는 유연하고 수용적인 리더이다.
3. 나는 생산성이 높은 사람이다.

긍정 확언 필사 다시 쓰기

1. ＿＿＿＿＿＿＿＿＿＿＿＿＿＿＿＿＿＿＿＿＿＿＿＿＿＿
2. ＿＿＿＿＿＿＿＿＿＿＿＿＿＿＿＿＿＿＿＿＿＿＿＿＿＿
3. ＿＿＿＿＿＿＿＿＿＿＿＿＿＿＿＿＿＿＿＿＿＿＿＿＿＿

Q & A

노년의 꿈은 무엇인가?

감사일기 쓰기

1. ＿＿＿＿＿＿＿＿＿＿＿＿＿＿＿＿＿＿＿＿＿＿＿＿＿＿
2. ＿＿＿＿＿＿＿＿＿＿＿＿＿＿＿＿＿＿＿＿＿＿＿＿＿＿
3. ＿＿＿＿＿＿＿＿＿＿＿＿＿＿＿＿＿＿＿＿＿＿＿＿＿＿
4. ＿＿＿＿＿＿＿＿＿＿＿＿＿＿＿＿＿＿＿＿＿＿＿＿＿＿

🌙 칭찬일기 쓰기

＿＿＿＿＿＿＿＿＿＿＿＿＿＿＿＿＿＿＿＿＿＿＿＿＿＿＿＿

> 오늘의 나를 뒤돌아보는 시간

가장 큰 재산은 건강이다.
-베르길리우스-

☀ 긍정 확언 3가지

1. 이대로의 내 모습을 인정하고 사랑할 줄 안다.
2. 사소한 것 하나에도 감사할 줄 아는 나 자신이 멋있다.
3. 나는 오늘도 부지런히 움직인다.

긍정 확언 필사 다시 쓰기

1. _____
2. _____
3. _____

Q & A

죽기 전에 꼭 이루고 싶은 일이 있다면 무엇인가?

감사일기 쓰기

1. _____
2. _____
3. _____
4. _____

🌙 칭찬일기 쓰기

_____

오늘의 나를 뒤돌아보는 시간

+195

웃음은 어떤 핵무기보다도 강하다.
-오쇼 라즈니쉬-

☀ 긍정 확언 3가지

1. 나의 인생은 세상에서 제일 귀하다.
2. 긍정적인 생각을 바탕으로 미래를 창조한다.
3. 오늘도 좋은 일들만 가득 할 거다.

긍정 확언 필사 다시 쓰기

1. ＿＿＿＿＿＿＿＿＿＿＿＿＿＿＿＿＿＿＿＿＿＿＿＿＿＿＿
2. ＿＿＿＿＿＿＿＿＿＿＿＿＿＿＿＿＿＿＿＿＿＿＿＿＿＿＿
3. ＿＿＿＿＿＿＿＿＿＿＿＿＿＿＿＿＿＿＿＿＿＿＿＿＿＿＿

Q & A

가장 좋아하는 라면은 어떤 라면인가?

감사일기 쓰기

1. ＿＿＿＿＿＿＿＿＿＿＿＿＿＿＿＿＿＿＿＿＿＿＿＿＿＿＿
2. ＿＿＿＿＿＿＿＿＿＿＿＿＿＿＿＿＿＿＿＿＿＿＿＿＿＿＿
3. ＿＿＿＿＿＿＿＿＿＿＿＿＿＿＿＿＿＿＿＿＿＿＿＿＿＿＿
4. ＿＿＿＿＿＿＿＿＿＿＿＿＿＿＿＿＿＿＿＿＿＿＿＿＿＿＿

🌙 칭찬일기 쓰기

＿＿＿＿＿＿＿＿＿＿＿＿＿＿＿＿＿＿＿＿＿＿＿＿＿＿＿＿＿

오늘의 나를 뒤돌아보는 시간

+196

그대의 마음을 웃음과 기쁨으로 감싸라.
그러면 1천의 해로움을 막아주고 생명을 연장시켜 줄 것이다.
-윌리엄 셰익스피어-

☀ 긍정 확언 3가지

1. 오늘의 나는 새로운 나다.
2. 내게는 세상의 모든 시간이 있다.
3. 감사할수록 감사할 일이 더 많아진다.

긍정 확언 필사 다시 쓰기

1. ＿＿＿＿＿＿＿＿＿＿＿＿＿＿＿＿＿＿＿＿＿
2. ＿＿＿＿＿＿＿＿＿＿＿＿＿＿＿＿＿＿＿＿＿
3. ＿＿＿＿＿＿＿＿＿＿＿＿＿＿＿＿＿＿＿＿＿

Q & A

다음 생에는 어떤 사람으로 태어나고 싶은가?

감사일기 쓰기

1. ＿＿＿＿＿＿＿＿＿＿＿＿＿＿＿＿＿＿＿＿＿
2. ＿＿＿＿＿＿＿＿＿＿＿＿＿＿＿＿＿＿＿＿＿
3. ＿＿＿＿＿＿＿＿＿＿＿＿＿＿＿＿＿＿＿＿＿
4. ＿＿＿＿＿＿＿＿＿＿＿＿＿＿＿＿＿＿＿＿＿

🌙 칭찬일기 쓰기

＿＿＿＿＿＿＿＿＿＿＿＿＿＿＿＿＿＿＿＿＿＿＿

오늘의 나를 뒤돌아보는 시간

📅 DATE _____. _____. _____.

⏰ Get Up _____:_____

> 실수하며 보낸 인생은 아무것도 하지 않고 보낸 인생보다
> 훨씬 존경스러울 뿐 아니라 훨씬 더 유용하다.
> **-조지 버나드 쇼-**

☀ 긍정 확언 3가지

1. 오늘도 얻은 교훈에 감사할 줄 안다.
2. 오늘은 내 인생 최고의 날 가운데 하나이다.
3. 내 마음은 아름다운 생각들로 가득 찬 정원이다.

긍정 확언 필사 다시 쓰기

1. _____
2. _____
3. _____

Q & A

죽기 직전에 생각났으면 하는 기억은 무엇인가?

감사일기 쓰기

1. _____
2. _____
3. _____
4. _____

🌙 칭찬일기 쓰기

_____

오늘의 나를 되돌아보는 시간

+198

인간은 인생의 방향을 결정할 규칙을 가지고 있어야 한다.
-존 웨인-

☀ 긍정 확언 3가지

1. 상상력은 나에게 주어진 최고의 선물이다.
2. 모든 삶이 나를 지지할 것이다.
3. 하루의 시작과 끝은 감사이다.

긍정 확언 필사 다시 쓰기

1. _____
2. _____
3. _____

Q & A

지금 나에게 가장 해주고 싶은 말이 있다면?

감사일기 쓰기

1. _____
2. _____
3. _____
4. _____

🌙 칭찬일기 쓰기

_____

오늘의 나를 뒤돌아보는 시간

+199

죽음을 그토록 두려워 말라. 못난 인생을 두려워하라.
-베르톨트 브레히트-

☀ 긍정 확언 3가지

    1. 나의 내면의 지혜를 믿는다.
    2. 내 일은 내가 좋아하는 것을 하는 것이다.
    3. 내가 하는 모든 생각이 미래를 만든다.

긍정 확언 필사 다시 쓰기

    1. ＿＿＿＿＿＿＿＿＿＿＿＿＿＿＿＿＿＿＿＿＿＿＿＿＿＿＿
    2. ＿＿＿＿＿＿＿＿＿＿＿＿＿＿＿＿＿＿＿＿＿＿＿＿＿＿＿
    3. ＿＿＿＿＿＿＿＿＿＿＿＿＿＿＿＿＿＿＿＿＿＿＿＿＿＿＿

Q & A

내 인생에서 가장 가치를 두는 것은 무엇인가?

감사일기 쓰기

    1. ＿＿＿＿＿＿＿＿＿＿＿＿＿＿＿＿＿＿＿＿＿＿＿＿＿＿＿
    2. ＿＿＿＿＿＿＿＿＿＿＿＿＿＿＿＿＿＿＿＿＿＿＿＿＿＿＿
    3. ＿＿＿＿＿＿＿＿＿＿＿＿＿＿＿＿＿＿＿＿＿＿＿＿＿＿＿
    4. ＿＿＿＿＿＿＿＿＿＿＿＿＿＿＿＿＿＿＿＿＿＿＿＿＿＿＿

☾ 칭찬일기 쓰기

＿＿＿＿＿＿＿＿＿＿＿＿＿＿＿＿＿＿＿＿＿＿＿＿＿＿＿＿＿＿＿

> 오늘의 나를 뒤돌아보는 시간

+200

📅 DATE _____. _____. _____.

⏰ Get Up _____:_____

> 도전은 인생을 흥미롭게 만들며, 도전의 극복이 인생을 의미 있게 한다.
> **-조슈아 J. 마린-**

☀ 긍정 확언 3가지

1. 나는 인생을 사랑하고 인생은 나를 사랑해.
2. 나는 나 자신을 잘 돌볼 줄 안다.
3. 나는 배려가 가득한 사람이다.

긍정 확언 필사 다시 쓰기

1. _____
2. _____
3. _____

Q & A

가장 좋아하는 애완동물은?

감사일기 쓰기

1. _____
2. _____
3. _____
4. _____

🌙 칭찬일기 쓰기

_____

> 오늘의 나를 되돌아보는 시간

+201

DATE ____. ____. ____.

⏰ Get Up ____:____

남의 생활과 비교하지 말고 자신의 생활을 즐겨라.
-콩도르세-

☀ 긍정 확언 3가지

1. 나 자신을 통제할 수 있고, 좋은 습관들이 내 삶 전체를 이루고 있다.
2. 매일 아침 나 자신을 이기고 하루를 시작한다.
3. 내가 하는 확언은 반드시 이루어진다.

긍정 확언 필사 다시 쓰기

1. _____
2. _____
3. _____

Q & A

10년 후 나의 모습은?

감사일기 쓰기

1. _____
2. _____
3. _____
4. _____

🌙 칭찬일기 쓰기

_____

오늘의 나를 뒤돌아보는 시간

+202

인생의 흐름을 지켜보지 말고 그 속에 뛰어들어라.
-호스 나로스키-

☀ **긍정 확언 3가지**

1. 나의 내면의 목소리와 직관을 믿는다.
2. 언제나 자신을 존중한다.
3. 내가 잘 되리라고 믿는다.

긍정 확언 필사 다시 쓰기

1. _____
2. _____
3. _____

Q & A

두 번째 삶이 있다면 어떻게 살아갈 것인가?

감사일기 쓰기

1. _____
2. _____
3. _____
4. _____

🌙 **칭찬일기 쓰기**

_____

오늘의 나를 되돌아보는 시간

+203

📅 DATE _____. _____. _____.

⏰ Get Up _____:_____

하루하루를 자기 인생의 마지막 날처럼 살아라.
언젠가는 그 날들 가운데 진짜 마지막 날이 있을 테니까.
-레오 부스칼리아-

☀️ 긍정 확언 3가지

1. 내 안에 잠재한 모든 능력을 깨워서 충분히 발휘할 수 있다.
2. 나는 최고의 나 자신이 되는 과정에 있다.
3. 나는 나의 삶을 즐기면서 행복하게 산다.

긍정 확언 필사 다시 쓰기

1. _____
2. _____
3. _____

Q & A

지금 당장 어디든 데려다준다면 어디로 향하고 싶나?

감사일기 쓰기

1. _____
2. _____
3. _____
4. _____

🌙 칭찬일기 쓰기

_____

오늘의 나를 뒤돌아보는 시간

+204

> 태어난다는 것은 신의 섭리요, 선택의 여지가 없는 것.
> 선택할 수 있는 것은 오직 어떻게 사느냐 하는 것일 뿐.
> **-헨리 워드 비처-**

☀ 긍정 확언 3가지

1. 나는 정말 괜찮은 사람이다.
2. 좋은 습관들이 내 삶 전체를 이루고 있다.
3. 오늘 일어나는 모든 일 들도 결국 잘 되기 위한 것이다.

긍정 확언 필사 다시 쓰기

1. _____
2. _____
3. _____

Q & A

지금 드는 생각은 무엇인가?

감사일기 쓰기

1. _____
2. _____
3. _____
4. _____

🌙 칭찬일기 쓰기

_____

오늘의 나를 되돌아보는 시간

무한한 가능성을 잉태한 미래.
-베르그송 〈의식의 직접 여건에 관한 시론〉-

☀ 긍정 확언 3가지

1. 나는 언제나 겸손하되, 당당하고 자신감 있게 말하고 행동한다.
2. 나의 말과 행동에 확신을 가진다.
3. 나는 자신감이 넘치는 사람이다.

긍정 확언 필사 다시 쓰기

1. _____
2. _____
3. _____

Q & A

가장 받고 싶은 선물이 있다면 무엇인가?

감사일기 쓰기

1. _____
2. _____
3. _____
4. _____

🌙 칭찬일기 쓰기

_____

오늘의 나를 뒤돌아보는 시간

231

+206

평범한 날이여, 그대의 귀한 가치를 깨닫게 하여라.
-메리 J. 아이리언-

☀ 긍정 확언 3가지

1. 내 삶의 주인으로서 내가 진정 원하는 삶을 선택해서 살아간다.
2. 새로운 도전과 다양한 경험을 즐긴다.
3. 나는 모든 기회를 받아들일 수 있도록 마음이 열린 사람이다.

긍정 확언 필사 다시 쓰기

1. _____
2. _____
3. _____

Q & A

미래의 나에게 하고 싶은 말은 무엇인가?

감사일기 쓰기

1. _____
2. _____
3. _____
4. _____

🌙 칭찬일기 쓰기

_____

오늘의 나를 뒤돌아보는 시간

+207

인생의 의의는 거짓을 미워하고, 진리를 사랑하는 것을 배우는 데 있다.
-로버트 브라우닝-

☀ 긍정 확언 3가지

1. 남과 비교하지 않고, 오로지 과거(어제)의 나와 비교하며 성장한다.
2. 나는 이미 좋게 변화하고 있다.
3. 나는 내 목적지로 향하는 길의 모든 단계를 소중히 여긴다.

긍정 확언 필사 다시 쓰기

1. _____
2. _____
3. _____

Q & A

내가 좋아하는 대화의 주제는 무엇인가?

감사일기 쓰기

1. _____
2. _____
3. _____
4. _____

🌙 칭찬일기 쓰기

_____

오늘의 나를 되돌아보는 시간

현대인은 누구나 삶을 사랑한다.
왜냐하면 현대인은 고통과 공포를 사랑하고 있기 때문이다.
-도스토예프스키 〈악령〉-

☀ 긍정 확언 3가지

1. 나는 어떠한 상황에서도 계속해서 꿋꿋이 걸어나가는 사람이다.
2. 고난이 닥쳐도 성장과 도약의 발판으로 삼아 한 단계 더 성장한다.
3. 가장 비참한 경험도 소중한 경험으로 바꾸는 생각의 힘을 지녔다.

긍정 확언 필사 다시 쓰기

1. _____
2. _____
3. _____

Q & A

나에게 가장 중요한 때는 언제였나?

감사일기 쓰기

1. _____
2. _____
3. _____
4. _____

🌙 칭찬일기 쓰기

_____

오늘의 나를 뒤돌아보는 시간

+209

인생은 한 권의 책과 같다.
어리석은 이는 그것을 마구 넘겨 버리지만, 현명한 사람은 열심히 읽는다.
단, 한 번밖에 인생을 읽지 못한다는 것을 알기 때문이다.
-장 파울-

☀ 긍정 확언 3가지

1. 나의 삶을 변화시킬 충분한 힘을 가지고 있다.

2. 나는 언제나 행동하는 사람이다.

3. 나는 실행력이 좋다. 그래서 생각을 즉시 행동으로 옮긴다.

긍정 확언 필사 다시 쓰기

1. _____
2. _____
3. _____

Q & A

제시간에 퇴근하고 있는가?

감사일기 쓰기

1. _____
2. _____
3. _____
4. _____

🌙 칭찬일기 쓰기

_____

오늘의 나를 뒤돌아보는 시간

낮에는 너무 바빠서 걱정할 틈이 없고
밤에는 너무 졸려서 걱정할 틈이 없는 사람은 축복받은 사람이다.
-리오 에이크먼-

☀️ **긍정 확언 3가지**

1. 나는 끈기를 가지고 끝까지 해낼 수 있다.
2. 나의 외면적·내면적 성장을 위해 배움을 게을리하지 않는다.
3. 나는 오로지 중요한 일에만 집중해 나의 시간과 에너지를 사용한다.

긍정 확언 필사 다시 쓰기

1. _____
2. _____
3. _____

Q & A

스무 살의 나에게 하고 싶은 말이 있다면 어떤 말인가?

감사일기 쓰기

1. _____
2. _____
3. _____
4. _____

🌙 **칭찬일기 쓰기**

_____

오늘의 나를 뒤돌아보는 시간

+211

📅 DATE _____. _____. _____.

⏰ Get Up _____ : _____

우리는 두려움의 홍수에 버티기 위해서 끊임없이 용기의 둑을 쌓아야 한다.
-마틴 루터 킹 목사-

☀ 긍정 확언 3가지

1. 나는 과거나 미래가 아닌 현재에 집중한다.
2. 나의 강점을 집중적으로 계발해 그것으로 최고가 된다.
3. 매일 아침 미소 가득한 얼굴로 맞이한다.

긍정 확언 필사 다시 쓰기

1. _____
2. _____
3. _____

Q & A

동경하는 직업이 있는가?

감사일기 쓰기

1. _____
2. _____
3. _____
4. _____

☾ 칭찬일기 쓰기

_____

오늘의 나를 뒤돌아보는 시간

+212

두려움은 혼자 간직하되 용기는 다른 사람에게 나눠주라.
-로버트 루이스 스티븐슨-

☼ 긍정 확언 3가지

1. 나에게는 무한한 에너지가 있다.
2. 나의 삶은 에너지가 충만하고 생기가 넘치며 활력으로 가득 차 있다.
3. 강력하고 긍정적인 에너지가 나에게 흘러들어 오는 것을 즐긴다.

긍정 확언 필사 다시 쓰기

1. _____
2. _____
3. _____

Q & A

누군가를 울렸던 기억이 있는가?

감사일기 쓰기

1. _____
2. _____
3. _____
4. _____

☾ 칭찬일기 쓰기

_____

오늘의 나를 되돌아보는 시간

+213

질병은 인생을 깨닫게 하는 훌륭한 교사다.
-W.NL. 영안-

☀ 긍정 확인 3가지

1. 나에게 주어진 것에 감사하면서 그것을 충분히 누리는 삶을 산다.
2. 나는 매일의 평범한 일상 속에서 행복을 발견한다.
3. 나는 가족 및 사랑하는 사람과 보내는 평범한 일상에 감사한다.

긍정 확인 필사 다시 쓰기

1. _____
2. _____
3. _____

Q & A

지금 나에게 가장 필요한 위로의 말은 무엇인가?

감사일기 쓰기

1. _____
2. _____
3. _____
4. _____

🌙 칭찬일기 쓰기

_____

◀ 오늘의 나를 뒤돌아보는 시간

+214

건강은 제일의 재산이다.
-에머슨-

☀ 긍정 확언 3가지

1. 매일 살아가는 기적에 감사와 행복을 느낀다.
2. 나의 삶에는 늘 감사할 일이 넘치고, 그래서 나는 행복할 수 있다.
3. 상황이 어려울 때도 감사하며 행복을 느낀다

긍정 확언 필사 다시 쓰기

1. _____
2. _____
3. _____

Q & A

내가 했던 가장 최악의 거짓말은 무엇인가?

감사일기 쓰기

1. _____
2. _____
3. _____
4. _____

🌙 칭찬일기 쓰기

_____

오늘의 나를 뒤돌아보는 시간

+215

📅 DATE ＿＿. ＿＿. ＿＿.

⏰ Get Up ＿＿:＿＿

> 조급히 굴지 말아라. 행운이나 명성도 일순간에 생기고 일순간에 사라진다.
> 그대 앞에 놓인 장애물을 달게 받아라. 싸워 이겨 나가는 데서 기쁨을 느껴라.
> **-앙드레 모로아-**

☀ 긍정 확언 3가지

1. 나는 몸과 마음이 단단한 사람이다.
2. 언제나 육체적·정신적 건강을 유지하는 데 힘쓴다.
3. 상황이 나빠도 긍정적인 측면을 찾아 내가 할 수 있는 일에 집중한다.

긍정 확언 필사 다시 쓰기

1. ＿＿＿＿＿＿＿＿＿＿＿＿＿＿＿＿＿＿＿＿＿＿＿＿＿＿＿＿
2. ＿＿＿＿＿＿＿＿＿＿＿＿＿＿＿＿＿＿＿＿＿＿＿＿＿＿＿＿
3. ＿＿＿＿＿＿＿＿＿＿＿＿＿＿＿＿＿＿＿＿＿＿＿＿＿＿＿＿

Q & A

가장 하기 싫은 집안일이 있다면 무엇인가?

감사일기 쓰기

1. ＿＿＿＿＿＿＿＿＿＿＿＿＿＿＿＿＿＿＿＿＿＿＿＿＿＿＿＿
2. ＿＿＿＿＿＿＿＿＿＿＿＿＿＿＿＿＿＿＿＿＿＿＿＿＿＿＿＿
3. ＿＿＿＿＿＿＿＿＿＿＿＿＿＿＿＿＿＿＿＿＿＿＿＿＿＿＿＿
4. ＿＿＿＿＿＿＿＿＿＿＿＿＿＿＿＿＿＿＿＿＿＿＿＿＿＿＿＿

🌙 칭찬일기 쓰기

＿＿＿＿＿＿＿＿＿＿＿＿＿＿＿＿＿＿＿＿＿＿＿＿＿＿＿＿＿＿＿

> 오늘의 나를 뒤돌아보는 시간

+216

📅 DATE _____ . _____ . _____ .

⏰ Get Up _____ : _____

사랑할 시간도 충분치 않은데, 증오할 시간이 어디 있으랴!
-작자 미상-

☀ 긍정 확언 3가지

1. 나는 선한 영향력을 끼치는 사람이다 .
2. 내가 가진 것으로 세상을 이롭게 한다.
3. 내가 가진 모든 것을 아낌없이 나눈다.

긍정 확언 필사 다시 쓰기

1. _____
2. _____
3. _____

Q & A

다른 사람들에게 보이고 싶은 내 모습은 어떤 모습인가?

감사일기 쓰기

1. _____
2. _____
3. _____
4. _____

☾ 칭찬일기 쓰기

_____

오늘의 나를 되돌아보는 시간

바라는 것 없이 사랑할 때, 그것이 참된 사랑이다.
-작자 미상-

☀ 긍정 확언 3가지

1. 모든 사람을 존중하고, 건강한 관계를 형성한다.
2. 누구에게도 틀렸다고 말하거나, 그를 바꾸려고 하지 않는다.
3. 사람을 하나의 인격체로 존중하고, 있는 그대로의 모습을 받아들인다.

긍정 확언 필사 다시 쓰기

1. _____
2. _____
3. _____

Q & A

인생에 돈이 전부라고 생각하는가?

감사일기 쓰기

1. _____
2. _____
3. _____
4. _____

🌙 칭찬일기 쓰기

_____

오늘의 나를 뒤돌아보는 시간

📅 DATE _____. ____. ____.

⏰ Get Up ____:____

사람을 의심하거든 쓰지 말고, 사람을 썼거든 의심하지 말라.
-명심보감-

☀ 긍정 확언 3가지

1. 다른 사람이 나와 다름을 인정한다.
2. 사람의 단점을 비난하기보다는 장점을 발견하고, 칭찬하고, 배운다.
3. 나의 가치와 진심을 알아주는 소중한 인연이 언제나 존재한다.

긍정 확언 필사 다시 쓰기

1. _____
2. _____
3. _____

Q & A

지금까지의 인생에서 돌아가고 싶었던 순간이 있었다면 언제인가?

감사일기 쓰기

1. _____
2. _____
3. _____
4. _____

🌙 칭찬일기 쓰기

_____

오늘의 나를 뒤돌아보는 시간

+219

세상에 죽음만큼 확실한 것은 없다.
그런데 사람들은 겨우살이를 준비하면서도 죽음은 준비하지 않는다.
-톨스토이-

☀ 긍정 확언 3가지

1. 나는 주변 사람들을 섬기고, 나의 솔직한 감정을 잘 표현한다.
2. 내 주변은 내가 잘 되기를 바라는 사람들로 가득 차 있다.
3. 나는 사랑하는 사람들에게 망설임 없이 표현한다.

긍정 확언 필사 다시 쓰기

1. _____
2. _____
3. _____

Q & A

스스로 완벽주의자라고 생각하는가?

감사일기 쓰기

1. _____
2. _____
3. _____
4. _____

🌙 칭찬일기 쓰기

_____

오늘의 나를 뒤돌아보는 시간

+220

설령 친구가 꿀처럼 달더라도 그것을 전부 빨아 먹지 말라.
-탈무드-

☀ 긍정 확언 3가지

1. 나는 가족을 사랑하고 섬긴다.
2. 나는 가족과 항상 존경하고 응원한다.
3. 오늘도 긍정 확언을 외칠 수 있음에 감사하다.

긍정 확언 필사 다시 쓰기

1. _____
2. _____
3. _____

Q & A

아침형 인간인가? 저녁형 인간인가?

감사일기 쓰기

1. _____
2. _____
3. _____
4. _____

🌙 칭찬일기 쓰기

_____

오늘의 나를 뒤돌아보는 시간

+221

책이 없는 방은 영혼이 없는 육체와 같다.
-기케로 루보크-

☀ 긍정 확언 3가지

1. 성공한 사람들의 좋은 습관으로 하루를 시작할 수 있음에 감사하다.
2. 나는 행운아다.
3. 나는 너무나도 훌륭하다.

긍정 확언 필사 다시 쓰기

1. ＿＿＿＿＿＿＿＿＿＿＿＿＿＿＿＿＿＿＿＿＿＿＿＿＿＿＿
2. ＿＿＿＿＿＿＿＿＿＿＿＿＿＿＿＿＿＿＿＿＿＿＿＿＿＿＿
3. ＿＿＿＿＿＿＿＿＿＿＿＿＿＿＿＿＿＿＿＿＿＿＿＿＿＿＿

Q & A

오늘 내가 가장 듣고 싶은 말이 있는가?

감사일기 쓰기

1. ＿＿＿＿＿＿＿＿＿＿＿＿＿＿＿＿＿＿＿＿＿＿＿＿＿＿＿
2. ＿＿＿＿＿＿＿＿＿＿＿＿＿＿＿＿＿＿＿＿＿＿＿＿＿＿＿
3. ＿＿＿＿＿＿＿＿＿＿＿＿＿＿＿＿＿＿＿＿＿＿＿＿＿＿＿
4. ＿＿＿＿＿＿＿＿＿＿＿＿＿＿＿＿＿＿＿＿＿＿＿＿＿＿＿

🌙 칭찬일기 쓰기

＿＿＿＿＿＿＿＿＿＿＿＿＿＿＿＿＿＿＿＿＿＿＿＿＿＿＿＿

오늘의 나를 뒤돌아보는 시간

+222

> 소유할 수 있는 책 전부를 읽을 수 없는 한,
> 읽을 수 있는 만큼의 책을 소유하면 충분하다.
> **-세네카-**

☀ 긍정 확언 3가지

1. 오늘도 나 자신을 위해 목소리를 낼 것이다.
2. 내 삶은 가능한 모든 방식을 총동원해서 나를 뒷받침한다.
3. 오늘도 사랑이 넘치는 생각으로 가득 찰 것이다.

긍정 확언 필사 다시 쓰기

1. ＿＿＿＿＿＿＿＿＿＿＿＿＿＿＿＿＿＿＿＿＿＿＿＿＿＿＿＿
2. ＿＿＿＿＿＿＿＿＿＿＿＿＿＿＿＿＿＿＿＿＿＿＿＿＿＿＿＿
3. ＿＿＿＿＿＿＿＿＿＿＿＿＿＿＿＿＿＿＿＿＿＿＿＿＿＿＿＿

Q & A

지금보다 나은 내일을 위해 어떤 일을 시도하고 있는가?

감사일기 쓰기

1. ＿＿＿＿＿＿＿＿＿＿＿＿＿＿＿＿＿＿＿＿＿＿＿＿＿＿＿＿
2. ＿＿＿＿＿＿＿＿＿＿＿＿＿＿＿＿＿＿＿＿＿＿＿＿＿＿＿＿
3. ＿＿＿＿＿＿＿＿＿＿＿＿＿＿＿＿＿＿＿＿＿＿＿＿＿＿＿＿
4. ＿＿＿＿＿＿＿＿＿＿＿＿＿＿＿＿＿＿＿＿＿＿＿＿＿＿＿＿

🌙 칭찬일기 쓰기

＿＿＿＿＿＿＿＿＿＿＿＿＿＿＿＿＿＿＿＿＿＿＿＿＿＿＿＿＿＿＿

오늘의 나를 뒤돌아보는 시간

+223

젊을 때 배움을 소홀히 하는 자는 과거를 상실하고 미래도 없다.
-에우리피데스 '프릭쿠스'-

☀️ **긍정 확언 3가지**

1. 목표를 이루는 것이 행복하고 즐겁다.
2. 매일 기적 같은 하루하루가 일어난다.
3. 매일 성장하고 있음에 감사하다.

긍정 확언 필사 다시 쓰기

1. _____
2. _____
3. _____

Q & A

가장 가까이 사는 친구는 누구인가?

감사일기 쓰기

1. _____
2. _____
3. _____
4. _____

🌙 **칭찬일기 쓰기**

_____

> 오늘의 나를 뒤돌아보는 시간

📅 DATE _____. _____. _____.

⏰ Get Up _____:_____

잘못을 고쳐주는 것도 좋은 일이지만,
잘하도록 북돋우는 것은 더욱 효과가 있다.
-괴테-

☀ **긍정 확언 3가지**

1. 나는 꿈과 명확한 목표를 가지고 있다.
2. 하루에 책을 10분 이상 읽고 책 속에서 배운다.
3. 정신적으로, 신체적으로 모두 건강한 건강 부자이다.

긍정 확언 필사 다시 쓰기

1. _____
2. _____
3. _____

Q & A

가장 멀리 사는 친구는 누구인가?

감사일기 쓰기

1. _____
2. _____
3. _____
4. _____

🌙 **칭찬일기 쓰기**

_____

오늘의 나를 뒤돌아보는 시간

+225

+225

+225

+225

+ 225

+225

📅 DATE ＿＿＿. ＿＿＿. ＿＿＿.

⏰ Get Up ＿＿＿:＿＿＿

현명한 아버지는 자식을 올바르게 이끈다.
-셰익스피어-

☀ 긍정 확언 3가지

1. 내가 사랑하는 모든 사람을 도울 수 있다.
2. 나의 직감을 신뢰한다.
3. 중요한 결정을 현명하게 빨리 내릴 수 있다.

긍정 확언 필사 다시 쓰기

1. ＿＿＿＿＿＿＿＿＿＿＿＿＿＿＿＿＿＿＿＿
2. ＿＿＿＿＿＿＿＿＿＿＿＿＿＿＿＿＿＿＿＿
3. ＿＿＿＿＿＿＿＿＿＿＿＿＿＿＿＿＿＿＿＿

Q & A

사이가 멀어진 친구가 있는가? 있다면, 그 이유는 무엇인가?

감사일기 쓰기

1. ＿＿＿＿＿＿＿＿＿＿＿＿＿＿＿＿＿＿＿＿
2. ＿＿＿＿＿＿＿＿＿＿＿＿＿＿＿＿＿＿＿＿
3. ＿＿＿＿＿＿＿＿＿＿＿＿＿＿＿＿＿＿＿＿
4. ＿＿＿＿＿＿＿＿＿＿＿＿＿＿＿＿＿＿＿＿

🌙 칭찬일기 쓰기

＿＿＿＿＿＿＿＿＿＿＿＿＿＿＿＿＿＿＿＿＿＿

오늘의 나를 뒤돌아보는 시간

+226

아버지는 아들의 덕을 말하지 않고,
아들은 아버지의 허물을 말하지 않아야 한다.
-명심보감-

☀ 긍정 확언 3가지

1. 지금 이 순간 나는 너무나도 행복하다.
2. 오늘 하루도 최선을 다해 살아갈 것을 다짐한다.
3. 나는 자존감이 높은 사람이다.

긍정 확언 필사 다시 쓰기

1. _____
2. _____
3. _____

Q & A

마지막으로 쓴 손편지의 대상은 누구인가?

감사일기 쓰기

1. _____
2. _____
3. _____
4. _____

🌙 칭찬일기 쓰기

_____

> 오늘의 나를 되돌아보는 시간

+227

📅 DATE ＿＿．＿＿．＿＿．

⏰ Get Up ＿＿：＿＿

내게 능력 주시는 자 안에서
내가 모든 것을 할 수 있느니라.
-빌립보서 4:13-

☀ 긍정 확언 3가지

1. 세상에서 내가 가장 소중하고 예쁘다.
2. 오늘 나에게 펼쳐질 멋진 일 들을 기대한다.
3. 성장하는 삶을 사는 내가 자랑스럽다.

긍정 확언 필사 다시 쓰기

1. _____
2. _____
3. _____

Q & A

긴장하면 튀어나오는 버릇이 있는가?

감사일기 쓰기

1. _____
2. _____
3. _____
4. _____

🌙 칭찬일기 쓰기

_____

오늘의 나를 뒤돌아보는 시간

+228

> 행복을 발견하는 유일한 방법은 감사를 기대하지 말고,
> 주는 기쁨을 위해서 베푸는 것이다.
> **-데일 카네기-**

☼ 긍정 확언 3가지

1. 몇 년 후면 더욱 멋진 사람이 되어있을 나 자신을 기대한다.
2. 매 순간 진심을 다해 행동한다.
3. 오늘은 10번 크게 웃을 것이다.

긍정 확언 필사 다시 쓰기

1. _____
2. _____
3. _____

Q & A

버리고 나서도 후회하지 않았던 것들이 있나?

감사일기 쓰기

1. _____
2. _____
3. _____
4. _____

☾ 칭찬일기 쓰기

_____

오늘의 나를 뒤돌아보는 시간

+229

🗓 DATE _____. _____. _____.

⏰ Get Up _____:_____

> 행복했던 나날을 참는 것보다 큰 고통은 없다.
> **-단테 〈신곡〉-**

☀ 긍정 확언 3가지

1. 나의 과거와 미래는 분명 같지 않을 것이다.
2. 다른 사람에게 선한 영향력이 끼치는 사람이 될 것이다.
3. 모든 것이 가능하다는 믿음에 자신을 길들이자.

긍정 확언 필사 다시 쓰기

1. _____
2. _____
3. _____

Q & A

비 오는 날을 좋아하는가? 싫어하는가?

감사일기 쓰기

1. _____
2. _____
3. _____
4. _____

🌙 칭찬일기 쓰기

_____

> 오늘의 나를 뒤돌아보는 시간

+230

희망이 없으면 아무것도 성취할 수 없다.
-헬렌 켈러-

☀ 긍정 확언 3가지

1. 모든 것이 가능해질 때까지 끊임없이 나아간다.
2. 나는 생각하고 말하는 신중한 사람이다.
3. 내가 원하는 것을 분명히 이룰 것이다.

긍정 확언 필사 다시 쓰기

1. _____
2. _____
3. _____

Q & A

첫눈이 올 때 어디에 있고 싶은가?

감사일기 쓰기

1. _____
2. _____
3. _____
4. _____

🌙 칭찬일기 쓰기

_____

오늘의 나를 뒤돌아보는 시간

+231

DATE _____. _____. _____.

Get Up _____:_____

소년이여, 야망을 가져라.
-J. B. 클라크-

☀ 긍정 확언 3가지

1. 가슴 두근거리는 일을 할 수 있도록.
2. 오늘도 균형 있는 삶을 살아갈 수 있도록.
3. 내 몸의 모든 것을 사랑하고 아껴주자.

긍정 확언 필사 다시 쓰기

1. _____
2. _____
3. _____

Q & A

등산 가본 곳은 어디인가?

감사일기 쓰기

1. _____
2. _____
3. _____
4. _____

🌙 칭찬일기 쓰기

_____

오늘의 나를 뒤돌아보는 시간

+232

행복이란 습성이다. 그것을 몸에 지니는 것이 좋다.
-E. 하이버드-

☀ 긍정 확언 3가지

1. 나는 내 몸을 건강하게 할 수 있는 직관력이 있다.
2. 오늘도 나는 건강한 에너지로 가득 차 있다.
3. 내 몸에 건강한 음식들만 먹고 있다.

긍정 확언 필사 다시 쓰기

1. ＿＿＿＿＿＿＿＿＿＿＿＿＿＿＿＿＿＿＿＿＿＿＿＿＿＿
2. ＿＿＿＿＿＿＿＿＿＿＿＿＿＿＿＿＿＿＿＿＿＿＿＿＿＿
3. ＿＿＿＿＿＿＿＿＿＿＿＿＿＿＿＿＿＿＿＿＿＿＿＿＿＿

Q & A

지금 가장 큰 고민은 무엇인가?

감사일기 쓰기

1. ＿＿＿＿＿＿＿＿＿＿＿＿＿＿＿＿＿＿＿＿＿＿＿＿＿＿
2. ＿＿＿＿＿＿＿＿＿＿＿＿＿＿＿＿＿＿＿＿＿＿＿＿＿＿
3. ＿＿＿＿＿＿＿＿＿＿＿＿＿＿＿＿＿＿＿＿＿＿＿＿＿＿
4. ＿＿＿＿＿＿＿＿＿＿＿＿＿＿＿＿＿＿＿＿＿＿＿＿＿＿

🌙 칭찬일기 쓰기

오늘의 나를 뒤돌아보는 시간

+233

다른 사람을 비웃지 말라.
자기의 행복이 영원한 것이라고 누가 장담할 것인가.
-라퐁텐-

☀ **긍정 확언 3가지**

    1. 건강한 삶은 나의 주도권에 있다.

    2. 하루하루 부족함 없이 먹을 수 있음에 감사한다.

    3. 내 주변의 모든 것들을 사랑으로 채울 것이다.

긍정 확언 필사 다시 쓰기

    1. ＿＿＿＿＿＿＿＿＿＿＿＿＿＿＿＿＿＿＿＿＿＿＿＿

    2. ＿＿＿＿＿＿＿＿＿＿＿＿＿＿＿＿＿＿＿＿＿＿＿＿

    3. ＿＿＿＿＿＿＿＿＿＿＿＿＿＿＿＿＿＿＿＿＿＿＿＿

Q & A

가장 최근에 들은 노래는 무슨 노래인가?

감사일기 쓰기

    1. ＿＿＿＿＿＿＿＿＿＿＿＿＿＿＿＿＿＿＿＿＿＿＿＿

    2. ＿＿＿＿＿＿＿＿＿＿＿＿＿＿＿＿＿＿＿＿＿＿＿＿

    3. ＿＿＿＿＿＿＿＿＿＿＿＿＿＿＿＿＿＿＿＿＿＿＿＿

    4. ＿＿＿＿＿＿＿＿＿＿＿＿＿＿＿＿＿＿＿＿＿＿＿＿

🌙 **칭찬일기 쓰기**

＿＿＿＿＿＿＿＿＿＿＿＿＿＿＿＿＿＿＿＿＿＿＿＿＿＿＿＿

> 오늘의 나를 되돌아보는 시간

+234

희망이란 눈뜨고 있는 꿈이다.
-아리스토텔레스-

☀ 긍정 확언 3가지

1. 오늘도 희망찬 하루를 시작할 것이다.
2. 날이 가면 갈수록 계속 성장하고 좋아지는 나 자신을 발견한다.
3. 나는 감정을 솔직하게 다 표현할 줄 아는 사람이다.

긍정 확언 필사 다시 쓰기

1. _____
2. _____
3. _____

Q & A

최근에 자주 사용하는 앱이 있다면?

감사일기 쓰기

1. _____
2. _____
3. _____
4. _____

🌙 칭찬일기 쓰기

_____

오늘의 나를 뒤돌아보는 시간

+235

남을 행복하게 할 수 있는 자만이 행복을 얻는다.
-플라톤-

☀ 긍정 확언 3가지

1. 나를 가꾸고 사랑하는 하루를 보내자.
2. 긍정의 생각이 웃음을 부르는 것처럼 긍정적인 생각만 하자.
3. 오늘 일어나는 모든 일이 술술 잘 풀린다.

긍정 확언 필사 다시 쓰기

1. _____
2. _____
3. _____

Q & A

평생 한 사람만 사랑해야 한다면 누굴 사랑할 것 같은가?

감사일기 쓰기

1. _____
2. _____
3. _____
4. _____

🌙 칭찬일기 쓰기

_____

> 오늘의 나를 뒤돌아보는 시간

+236

DATE ___. ___. ___.

Get Up ___:___

> 새는 알 속에서 빠져나오려고 싸운다. 알은 세계이다.
> 태어나기를 원하는 자는 하나의 세계를 파괴하지 않으면 안 된다.
> **-헤르만 헤세-**

☀ 긍정 확언 3가지

1. 안전한 하루를 보낼 것이다.
2. 현재 이 시간을 즐긴다.
3. 희망, 성장, 행운, 기적 오늘도 행복해지자.

긍정 확언 필사 다시 쓰기

1. _____
2. _____
3. _____

Q & A

산 vs 바다

감사일기 쓰기

1. _____
2. _____
3. _____
4. _____

☾ 칭찬일기 쓰기

_____

오늘의 나를 되돌아보는 시간

+237

언제까지 계속되는 불행이란 없다.
-로맹 롤랑-

☀ 긍정 확언 3가지

1. 내가 하는 생각이 미래를 만든다.
2. 자신에게 친절하라. 자신을 사랑하라.
3. 나는 사랑과 애정이 가득 한 사람이다.

긍정 확언 필사 다시 쓰기

1. ＿＿＿＿＿＿＿＿＿＿＿＿＿＿＿＿＿＿＿＿＿＿＿＿＿＿＿
2. ＿＿＿＿＿＿＿＿＿＿＿＿＿＿＿＿＿＿＿＿＿＿＿＿＿＿＿
3. ＿＿＿＿＿＿＿＿＿＿＿＿＿＿＿＿＿＿＿＿＿＿＿＿＿＿＿

Q & A

시골 vs 도시

감사일기 쓰기

1. ＿＿＿＿＿＿＿＿＿＿＿＿＿＿＿＿＿＿＿＿＿＿＿＿＿＿＿
2. ＿＿＿＿＿＿＿＿＿＿＿＿＿＿＿＿＿＿＿＿＿＿＿＿＿＿＿
3. ＿＿＿＿＿＿＿＿＿＿＿＿＿＿＿＿＿＿＿＿＿＿＿＿＿＿＿
4. ＿＿＿＿＿＿＿＿＿＿＿＿＿＿＿＿＿＿＿＿＿＿＿＿＿＿＿

🌙 칭찬일기 쓰기

＿＿＿＿＿＿＿＿＿＿＿＿＿＿＿＿＿＿＿＿＿＿＿＿＿＿＿＿＿

> 오늘의 나를 뒤돌아보는 시간

+238

젊은이는 희망에 살고, 노인은 추억에 산다.
-프랑스 격언-

☀️ **긍정 확언 3가지**

1. 나는 풍요롭다.
2. 자유롭게, 용감하게 행동할 수 있는 내가 되자.
3. 온 우주가 나를 돕는다.

긍정 확언 필사 다시 쓰기

1. _____
2. _____
3. _____

Q & A

가장 비싸게 주고 산 입장권이나 티켓이 있는가?

감사일기 쓰기

1. _____
2. _____
3. _____
4. _____

🌙 **칭찬일기 쓰기**

_____

오늘의 나를 뒤돌아보는 시간

+239

너네는 늙어 봤냐? 나는 젊어 봤다.
-지상렬-

☀ 긍정 확언 3가지

1. 나는 된다. 분명 잘 된다.
2. 나는 무슨 일이든 잘 할 수 있다.
3. 내가 생각하는 그 이상으로 나는 참 괜찮은 사람이다.

긍정 확언 필사 다시 쓰기

1. _____
2. _____
3. _____

Q & A

속마음을 드러낼 수 있는 친구는 몇 명 정도 있는가?

감사일기 쓰기

1. _____
2. _____
3. _____
4. _____

🌙 칭찬일기 쓰기

_____

> 오늘의 나를 돌아보는 시간

+240

네가 행복하기를 원하면, 즐거워하기를 배워라.
-M. 프라이어-

☀ 긍정 확언 3가지

1. 내가 좋은 사람이기에 내 주변엔 좋은 사람들로 가득하다.
2. 나는 매일 행복을 산책한다.
3. 내가 나인 것에 감사하다.

긍정 확언 필사 다시 쓰기

1. _____
2. _____
3. _____

Q & A

내일을 생각하면 어떤 기분이 드는가?

감사일기 쓰기

1. _____
2. _____
3. _____
4. _____

🌙 칭찬일기 쓰기

_____

오늘의 나를 되돌아보는 시간

+ 241

DATE ＿＿＿. ＿＿. ＿＿.

Get Up ＿＿:＿＿

장님나라에서는 애꾸가 복된 자이다.
-프레데릭 대왕-

☀ 긍정 확언 3가지

1. 나 자신이 정말 좋다.
2. 행복을 나에게 초대한다.
3. 모든 기회의 문을 과감하게 연다.

긍정 확언 필사 다시 쓰기

1. ＿＿＿＿＿＿＿＿＿＿＿＿＿＿＿＿＿＿＿＿＿＿＿＿＿
2. ＿＿＿＿＿＿＿＿＿＿＿＿＿＿＿＿＿＿＿＿＿＿＿＿＿
3. ＿＿＿＿＿＿＿＿＿＿＿＿＿＿＿＿＿＿＿＿＿＿＿＿＿

Q & A

낭만적인 삶이란 어떤 삶이라고 생각하나?

감사일기 쓰기

1. ＿＿＿＿＿＿＿＿＿＿＿＿＿＿＿＿＿＿＿＿＿＿＿＿＿
2. ＿＿＿＿＿＿＿＿＿＿＿＿＿＿＿＿＿＿＿＿＿＿＿＿＿
3. ＿＿＿＿＿＿＿＿＿＿＿＿＿＿＿＿＿＿＿＿＿＿＿＿＿
4. ＿＿＿＿＿＿＿＿＿＿＿＿＿＿＿＿＿＿＿＿＿＿＿＿＿

☾ 칭찬일기 쓰기

＿＿＿＿＿＿＿＿＿＿＿＿＿＿＿＿＿＿＿＿＿＿＿＿＿＿＿

>>> 오늘의 나를 뒤돌아보는 시간

+242

DATE _____. _____. _____.

Get Up _____:_____

우리는 모두 행복하기 위해 태어났다.
-A. 스트로우-

☼ 긍정 확언 3가지

1. 나 자신을 매일 더 사랑한다.
2. 내 안에는 성공에 필요한 요소가 모두 있다.
3. 나는 끊임 없는 나의 현실을 창조한다.

긍정 확언 필사 다시 쓰기

1. _____
2. _____
3. _____

Q & A

금요일이나 토요일을 보내는 특별한 방법이 있는가?

감사일기 쓰기

1. _____
2. _____
3. _____
4. _____

☾ 칭찬일기 쓰기

_____

오늘의 나를 되돌아보는 시간

+243

감사하며 받는 자에게 많은 수확이 있다.
-블레이크-

☀ 긍정 확언 3가지

1. 나의 아름다움과 매력과 우아함을 발산하는 하루가 될 것이다.
2. 나는 내 인생에 최고만을 끌어들인다.
3. 오늘에 대한 두려움은 녹아내리며 기대감만 가득하다.

긍정 확언 필사 다시 쓰기

1. ＿＿＿＿＿＿＿＿＿＿＿＿＿＿＿＿＿＿＿＿＿＿＿＿
2. ＿＿＿＿＿＿＿＿＿＿＿＿＿＿＿＿＿＿＿＿＿＿＿＿
3. ＿＿＿＿＿＿＿＿＿＿＿＿＿＿＿＿＿＿＿＿＿＿＿＿

Q & A

꼭 지키고 싶은 무언가가 있는가?

감사일기 쓰기

1. ＿＿＿＿＿＿＿＿＿＿＿＿＿＿＿＿＿＿＿＿＿＿＿＿
2. ＿＿＿＿＿＿＿＿＿＿＿＿＿＿＿＿＿＿＿＿＿＿＿＿
3. ＿＿＿＿＿＿＿＿＿＿＿＿＿＿＿＿＿＿＿＿＿＿＿＿
4. ＿＿＿＿＿＿＿＿＿＿＿＿＿＿＿＿＿＿＿＿＿＿＿＿

🌙 칭찬일기 쓰기

＿＿＿＿＿＿＿＿＿＿＿＿＿＿＿＿＿＿＿＿＿＿＿＿＿＿

오늘의 나를 뒤돌아보는 시간

+244

> 만족함을 알고 있는 자는 진정한 부자이고
> 탐욕스러운 자는 진실로 가난한 자이다.
> **-솔론-**

☀ 긍정 확언 3가지

1. 나는 쉽게 힘들지 않고 부를 창조한다.
2. 나 자신을 잘 돌볼 줄 안다.
3. 나는 멋지고, 매 순간 살아 있다고 느낀다.

긍정 확언 필사 다시 쓰기

1. _____
2. _____
3. _____

Q & A

마지막으로 혼자 술을 마신 건 언제인가요?

감사일기 쓰기

1. _____
2. _____
3. _____
4. _____

🌙 칭찬일기 쓰기

_____

오늘의 나를 뒤돌아보는 시간

+245

자기를 좋아하는 사람도, 필요로 하는 사람도 없다고 느낄 때 오는 고독감은
가난 중의 가난.
-테레사 수녀-

☀ 긍정 확언 3가지

1. 나의 놀라운 하루가 시작되었다.

2. 나는 무슨 일을 하든 성공한다.

3. 나는 지혜로워서 모든 문제의 답을 빠르게 찾을 수 있다.

긍정 확언 필사 다시 쓰기

1. _____

2. _____

3. _____

Q & A

혼자서 여행을 가본 적이 있는가? 있다면, 어디인가?

감사일기 쓰기

1. _____

2. _____

3. _____

4. _____

🌙 칭찬일기 쓰기

_____

오늘의 나를 뒤돌아보는 시간

+246

일하기 싫거든 먹지도 말아라.
-데살로니가 후서 3:10-

☀ 긍정 확언 3가지

1. 오늘도 행복을 나에게 초대한다.
2. 나 자신을 더욱 사랑할 수 있도록 하자.
3. 다양한 도전을 할 것이다.

긍정 확언 필사 다시 쓰기

1. _____
2. _____
3. _____

Q & A

참기 힘든 유혹을 느낄 때 어떻게 하나?

감사일기 쓰기

1. _____
2. _____
3. _____
4. _____

🌙 칭찬일기 쓰기

_____

오늘의 나를 뒤돌아보는 시간

+247

쉬운 일은 어려운 듯이, 어려운 일은 쉬운 듯이 하라.
-B. 그라시안-

☀ 긍정 확언 3가지

1. 내가 하고 싶은 모든 것들 다 이루고 살아가자.
2. 나는 경제적으로 자유롭다.
3. 있는 그대로의 나 자신을 사랑한다.

긍정 확언 필사 다시 쓰기

1. _____
2. _____
3. _____

Q & A

누군가에게 좋은 영향력을 끼치고 있는가?

감사일기 쓰기

1. _____
2. _____
3. _____
4. _____

🌙 칭찬일기 쓰기

_____

오늘의 나를 뒤돌아보는 시간

273

+248

DATE _____. _____. _____.

Get Up _____:_____

단 한 번의 인생이니까 함부로 산다는 것은 말이 안 되는 변명.
-빌 코플랜드-

☼ 긍정 확언 3가지

1. 모든 스트레스는 놓아주도록 하자.
2. 내가 호흡할 수 있는 이 순간에 감사한다.
3. 나의 잠재력을 최대한으로 발휘하자.

긍정 확언 필사 다시 쓰기

1. _____
2. _____
3. _____

Q & A

최근에 처음으로 경험해본 기억이 있나? 있다면, 무엇인가?

감사일기 쓰기

1. _____
2. _____
3. _____
4. _____

☾ 칭찬일기 쓰기

_____

오늘의 나를 뒤돌아보는 시간

가을은 모든 잎이 꽃으로 변하는 제2의 봄
-알베르 까뮤-

☀ 긍정 확인 3가지

1. 나는 작은 것에도 감사함과 행복함을 느낀다.
2. 내 삶은 있는 그대로 온전하고 충만하다.
3. 오늘도 긍정 에너지로 더 많은 부를 받아들인다.

긍정 확인 필사 다시 쓰기

1. ＿＿＿＿＿＿＿＿＿＿＿＿＿＿＿＿＿＿＿＿＿＿＿＿＿＿＿
2. ＿＿＿＿＿＿＿＿＿＿＿＿＿＿＿＿＿＿＿＿＿＿＿＿＿＿＿
3. ＿＿＿＿＿＿＿＿＿＿＿＿＿＿＿＿＿＿＿＿＿＿＿＿＿＿＿

Q & A

깔끔한 편인가? 지저분한 편인가?

감사일기 쓰기

1. ＿＿＿＿＿＿＿＿＿＿＿＿＿＿＿＿＿＿＿＿＿＿＿＿＿＿＿
2. ＿＿＿＿＿＿＿＿＿＿＿＿＿＿＿＿＿＿＿＿＿＿＿＿＿＿＿
3. ＿＿＿＿＿＿＿＿＿＿＿＿＿＿＿＿＿＿＿＿＿＿＿＿＿＿＿
4. ＿＿＿＿＿＿＿＿＿＿＿＿＿＿＿＿＿＿＿＿＿＿＿＿＿＿＿

🌙 칭찬일기 쓰기

＿＿＿＿＿＿＿＿＿＿＿＿＿＿＿＿＿＿＿＿＿＿＿＿＿＿＿＿＿

오늘의 나를 뒤돌아보는 시간

+250

사랑하고 일하며, 때로는 쉬면서 별을 바라볼 수 있는 기회를 주는 인생,
그 인생에 감사하자.
-헨리 밴 다이크-

☀ 긍정 확언 3가지

1. 나는 사랑받을 자격이 충분히 있는 사람이다.
2. 나는 부자가 될 자격이 있다.
3. 오늘도 밥 먹고, 하고 싶은 거 하며 살아갈 수 있음에 감사한다.

긍정 확언 필사 다시 쓰기

1. _____
2. _____
3. _____

Q & A

입양에 대해 어떻게 생각하는가?

감사일기 쓰기

1. _____
2. _____
3. _____
4. _____

🌙 칭찬일기 쓰기

_____

오늘의 나를 뒤돌아보는 시간

+251

DATE ____. ____. ____.

Get Up ____:____

인생에서 많은 패배에 직면하겠지만 절대로 패배하지 말라.
- 마야 안젤루 -

☼ 긍정 확언 3가지

1. 오늘은 왠지 나에게 큰 행운이 있을 것이다.
2. 나의 하루를 좋은 습관으로 채워나간다.
3. 나는 다양한 도전을 즐긴다,

긍정 확언 필사 다시 쓰기

1. _____
2. _____
3. _____

Q & A

하루 중 가장 오래 보내는 장소는 어디인가?

감사일기 쓰기

1. _____
2. _____
3. _____
4. _____

☾ 칭찬일기 쓰기

_____

오늘의 나를 뒤돌아보는 시간

+252

⏰ Get Up ＿＿：＿＿

> 인생에서 가장 큰 영광은 넘어지지 않는 것에 있는 것이 아니라
> 매번 일어선다는 데 있다.
> **-넬슨 만델라-**

☀ 긍정 확언 3가지

1. 나의 놀라운 하루가 시작되었다.
2. 나는 성공의 빛을 내뿜는다.
3. 내가 가는 어디든 빛이 난다.

긍정 확언 필사 다시 쓰기

1. ＿＿＿＿＿＿＿＿＿＿＿＿＿＿＿＿＿＿＿＿＿＿＿＿
2. ＿＿＿＿＿＿＿＿＿＿＿＿＿＿＿＿＿＿＿＿＿＿＿＿
3. ＿＿＿＿＿＿＿＿＿＿＿＿＿＿＿＿＿＿＿＿＿＿＿＿

Q & A

오늘까지의 나의 삶을 한마디로 정리해보면?

감사일기 쓰기

1. ＿＿＿＿＿＿＿＿＿＿＿＿＿＿＿＿＿＿＿＿＿＿＿＿
2. ＿＿＿＿＿＿＿＿＿＿＿＿＿＿＿＿＿＿＿＿＿＿＿＿
3. ＿＿＿＿＿＿＿＿＿＿＿＿＿＿＿＿＿＿＿＿＿＿＿＿
4. ＿＿＿＿＿＿＿＿＿＿＿＿＿＿＿＿＿＿＿＿＿＿＿＿

🌙 칭찬일기 쓰기

＿＿＿＿＿＿＿＿＿＿＿＿＿＿＿＿＿＿＿＿＿＿＿＿＿＿＿

오늘의 나를 되돌아보는 시간

+253

📅 DATE ＿＿. ＿＿. ＿＿.

⏰ Get Up ＿＿:＿＿

> 결국, 여러분의 인생에서 중요한 것은
> 지나가는 세월이 아닌 생활이다.
> **-아브라함 링컨-**

☀ 긍정 확언 3가지

1. 오늘도 좋은 일만 가득 일어날 거다.
2. 수많은 사람 중 나는 특별한 존재이다.
3. 나는 있는 그대로 너무 아름답고 존귀하다.

긍정 확언 필사 다시 쓰기

1. ＿＿＿＿＿＿＿＿＿＿＿＿＿＿＿＿＿＿＿
2. ＿＿＿＿＿＿＿＿＿＿＿＿＿＿＿＿＿＿＿
3. ＿＿＿＿＿＿＿＿＿＿＿＿＿＿＿＿＿＿＿

Q & A

가족 중 가장 가까운 사람은 누구인가?

감사일기 쓰기

1. ＿＿＿＿＿＿＿＿＿＿＿＿＿＿＿＿＿＿＿
2. ＿＿＿＿＿＿＿＿＿＿＿＿＿＿＿＿＿＿＿
3. ＿＿＿＿＿＿＿＿＿＿＿＿＿＿＿＿＿＿＿
4. ＿＿＿＿＿＿＿＿＿＿＿＿＿＿＿＿＿＿＿

🌙 칭찬일기 쓰기

＿＿＿＿＿＿＿＿＿＿＿＿＿＿＿＿＿＿＿＿

오늘의 나를 뒤돌아보는 시간

+254

어떤 일에 너무 많은 시간이 걸리면, 당신은 그것을 완성하지 못할 것이다.
- 브루스 리-

☼ 긍정 확언 3가지

1. 나는 존재하는 것만으로도 풍요를 이룰 가치가 있다.
2. 돈은 나에게 술술 들어온다.
3. 무의식에 깊게 박힌 부정적인 생각들을 버리자.

긍정 확언 필사 다시 쓰기

1. _____
2. _____
3. _____

Q & A

나만의 힐링 루틴이 있는가?

감사일기 쓰기

1. _____
2. _____
3. _____
4. _____

☾ 칭찬일기 쓰기

_____

오늘의 나를 뒤돌아보는 시간

+255

일기예보에도 불구하고, 봄처럼 살아라.
- 릴리 풀리처 -

☀ 긍정 확언 3가지

1. 오늘도 마음의 여유로움이 있음에 감사하다.
2. 지금 이 순간 숨 쉴 수 있음에 감사한다.
3. 나를 둘러싼 모든 것들에 감사한다.

긍정 확언 필사 다시 쓰기

1. _____
2. _____
3. _____

Q & A

자주 가는 카페와 그곳을 자주 찾는 이유는 무엇인가?

감사일기 쓰기

1. _____
2. _____
3. _____
4. _____

🌙 칭찬일기 쓰기

_____

오늘의 나를 뒤돌아보는 시간

+256

당신의 인생에서 가장 중요한 두 날은
당신이 태어난 날과 그 이유를 찾는 날이다.
- 마크 트웨인 -

☀ 긍정 확언 3가지

1. 감사한 마음을 가질수록 더욱 감사할 일들이 생긴다.
2. 내가 원하는 것을 끌어당길 수 있는 충분한 힘이 있다.
3. 나 자신을 굳게 믿는다.

긍정 확언 필사 다시 쓰기

1. _____
2. _____
3. _____

Q & A

애니메이션, 영화 중 좋아하는 캐릭터가 있는가?

감사일기 쓰기

1. _____
2. _____
3. _____
4. _____

☾ 칭찬일기 쓰기

_____

오늘의 나를 뒤돌아보는 시간

+257

사랑에는 항상 광기가 존재한다.
그러나 광기에는 항상 이유가 존재한다.
- 프레드릭 니체-

☀ 긍정 확언 3가지

1. 나 자신이 너무 좋다.
2. 나를 진심으로 사랑한다.
3. 내 인생을 빛나게 만들 준비가 되어있다.

긍정 확언 필사 다시 쓰기

1. _____
2. _____
3. _____

Q & A

나에게 성공이란 어떤 것을 의미하나?

감사일기 쓰기

1. _____
2. _____
3. _____
4. _____

🌙 칭찬일기 쓰기

_____

오늘의 나를 되돌아보는 시간

> 사람들과의 인연에서 사랑이란 공기처럼 가벼운 것이다.
> 가벼운 날개를 활짝 펴고 순식간에 날아간다.
> **-알렉산더 포프-**

☀ 긍정 확언 3가지

1. 내 인생을 원하는 대로 디자인하고 있다.
2. 내 인생은 원하는 방향으로 흘러가고 있다.
3. 나는 무엇이든 할 수 있는 아이디어가 흘러넘친다.

긍정 확언 필사 다시 쓰기

1. _____
2. _____
3. _____

Q & A

지금 머릿속에 떠오르는 계획이나 아이디어가 있는가?

감사일기 쓰기

1. _____
2. _____
3. _____
4. _____

🌙 칭찬일기 쓰기

_____

> 오늘의 나를 뒤돌아보는 시간

+259

📅 DATE ____. ____. ____.

⏰ Get Up ____:____

사랑하고 그것을 이루는 것은 최고의 것이다.
사랑하고 그것을 잃는 것이 그다음으로 최고의 것이다.
-윌리엄 테커레이-

☀ 긍정 확언 3가지

1. 나는 자신감이 넘친다.
2. 나는 무엇이든 배울 준비가 되어있다.
3. 나 자신에게 더욱 성장할 기회를 준다.

긍정 확언 필사 다시 쓰기

1. _____
2. _____
3. _____

Q & A

요즘 누구와 가장 많이 만나고 대화를 나누는가?

감사일기 쓰기

1. _____
2. _____
3. _____
4. _____

🌙 칭찬일기 쓰기

_____

오늘의 나를 뒤돌아보는 시간

+260

사랑받고 싶다면, 사랑하고 사랑스러워져라.
- 벤자민 프랭클린-

☀ 긍정 확언 3가지

1. 나의 직관을 믿는다.
2. 나의 내면의 힘을 믿는다.
3. 오늘도 행복한 하루로 선택한다.

긍정 확언 필사 다시 쓰기

1. ＿＿＿＿＿＿＿＿＿＿＿＿＿＿＿＿＿＿＿＿＿
2. ＿＿＿＿＿＿＿＿＿＿＿＿＿＿＿＿＿＿＿＿＿
3. ＿＿＿＿＿＿＿＿＿＿＿＿＿＿＿＿＿＿＿＿＿

Q & A

미래를 미리 볼 수 있다면 몇 살 때의 모습을 확인하고 싶은가?

감사일기 쓰기

1. ＿＿＿＿＿＿＿＿＿＿＿＿＿＿＿＿＿＿＿＿＿
2. ＿＿＿＿＿＿＿＿＿＿＿＿＿＿＿＿＿＿＿＿＿
3. ＿＿＿＿＿＿＿＿＿＿＿＿＿＿＿＿＿＿＿＿＿
4. ＿＿＿＿＿＿＿＿＿＿＿＿＿＿＿＿＿＿＿＿＿

🌙 칭찬일기 쓰기

＿＿＿＿＿＿＿＿＿＿＿＿＿＿＿＿＿＿＿＿＿＿＿＿＿

오늘의 나를 뒤돌아보는 시간

+261

> 우리는 완벽한 사람을 만남으로써 사랑하게 되는 것이 아니다.
> 불완전한 사람이 완벽하게 보이는 것을 배움으로써 사랑하게 된다.
> **-익명-**

☀ 긍정 확언 3가지

1. 나는 경험하는 모든 일을 기쁘게 맞이한다.
2. 오늘은 특별한 하루가 될 것이다.
3. 나는 좋아하는 일을 하며 풍요롭게 살아간다.

긍정 확언 필사 다시 쓰기

1. _____
2. _____
3. _____

Q & A

요즘 나를 가장 많이 웃게 하는 사람은 누구인가?

감사일기 쓰기

1. _____
2. _____
3. _____
4. _____

🌙 칭찬일기 쓰기

_____

오늘의 나를 뒤돌아보는 시간

+262

어떤 것이든지 사랑하게 되는 방법은
이를 잃을 수도 있다는 것을 알게 되는 것이다.
-G.K. 체스터턴-

☀ 긍정 확언 3가지

1. 나는 활력이 넘친다.
2. 나는 나의 긍정적인 에너지를 주변 사람들에게 나눠준다.
3. 나는 과거와 미래에 얽매이지 않고 지금 현재를 살아간다.

긍정 확언 필사 다시 쓰기

1. _____
2. _____
3. _____

Q & A

지금 보고 싶은 사람이 있나요? 그 사람은 어떤 사람인가요?

감사일기 쓰기

1. _____
2. _____
3. _____
4. _____

🌙 칭찬일기 쓰기

_____

오늘의 나를 뒤돌아보는 시간

+263

사랑은 세상을 움직이는 것이 아니다.
사랑은 그 여정을 가치 있게 만드는 것이다.
-프랭클린 P. 존스-

☼ 긍정 확언 3가지

1. 나는 아름답고 즐거운 세상을 누리고 있다.
2. 나는 살아 있는 모든 것들과 긍정적인 관계를 맺고 있다.
3. 나는 신체적으로, 정신적으로 자유롭다.

긍정 확언 필사 다시 쓰기

1. _____
2. _____
3. _____

Q & A

해야 할 일을 다 끝내고 나면 어떻게 하나?

감사일기 쓰기

1. _____
2. _____
3. _____
4. _____

☾ 칭찬일기 쓰기

_____

오늘의 나를 뒤돌아보는 시간

+264

성공이란 실패에 실패를 거듭하면서도 열의를 잃지 않는 것이다.
-윈스턴 처칠-

☀ 긍정 확언 3가지

1. 나는 어떠한 것이든 할 수 있다고 굳게 믿는다.
2. 나는 완벽하게 자유로운 존재이다.
3. 나의 능력을 다른 사람들과 공유한다.

긍정 확언 필사 다시 쓰기

1. _____
2. _____
3. _____

Q & A

울고 있는 아이를 보면 어떻게 하는가?

감사일기 쓰기

1. _____
2. _____
3. _____
4. _____

🌙 칭찬일기 쓰기

_____

오늘의 나를 뒤돌아보는 시간

+265

우린 운이 있다는 걸 믿어야 한다.
그게 아니면 우리가 싫어하는 사람들의 성공을 어찌 설명하겠는가?
-장 콕토-

☀ 긍정 확언 3가지

1. 나의 사랑을 다른 이들에게 전한다.
2. 나 자신을 잘 알고 있다.
3. 나는 귀하고 소중한 존재이다.

긍정 확언 필사 다시 쓰기

1. _____
2. _____
3. _____

Q & A

오늘 읽은 뉴스 중 가장 인상적인 제목은 무엇인가?

감사일기 쓰기

1. _____
2. _____
3. _____
4. _____

☾ 칭찬일기 쓰기

_____

오늘의 나를 뒤돌아보는 시간

더 열심히 일하면 할수록 운이 더 좋아진다는 것을 알게 된다.
-토마스 제퍼슨-

☀ 긍정 확언 3가지

1. 나는 결국 잘 해낼 것이다.
2. 나는 나 자신과 다른 사람을 신뢰한다.
3. 나는 안전하게 보호받고 있다.

긍정 확언 필사 다시 쓰기

1. _____
2. _____
3. _____

Q & A

하루에 쓸 수 있는 최대 금액은 얼마인가?

감사일기 쓰기

1. _____
2. _____
3. _____
4. _____

🌙 칭찬일기 쓰기

_____

오늘의 나를 뒤돌아보는 시간

+267

더 나은 것을 위해 좋은 것을 포기하는 걸 두려워하지 마라.
-존 톡펠러-

☀ 긍정 확언 3가지

1. 나는 다른 사람에게 좋은 영향력을 끼치는 사람이다.
2. 나는 용기 있는 사람이다.
3. 나는 무한한 가능성을 펼친다.

긍정 확언 필사 다시 쓰기

1. _____
2. _____
3. _____

Q & A

요즘 즐겨 보는 OTT 프로그램이 있는가?

감사일기 쓰기

1. _____
2. _____
3. _____
4. _____

🌙 칭찬일기 쓰기

_____

오늘의 나를 되돌아보는 시간

+268

나의 성공은 최고의 조언을 듣고 떠나 정반대의 일을 한 덕분이다.
-G. K. 체스터튼-

☀ 긍정 확언 3가지

1. 항상 올바른 결정을 내릴 수 있는 능력이 있다.
2. 모든 점에서 감사함 찾을 수 있다.
3. 나는 너무나도 행복하다.

긍정 확언 필사 다시 쓰기

1. ＿＿＿＿＿＿＿＿＿＿＿＿＿＿＿＿＿＿＿＿＿＿＿＿＿
2. ＿＿＿＿＿＿＿＿＿＿＿＿＿＿＿＿＿＿＿＿＿＿＿＿＿
3. ＿＿＿＿＿＿＿＿＿＿＿＿＿＿＿＿＿＿＿＿＿＿＿＿＿

Q & A

차를 산다면 어떤 차를 사고 싶나?

감사일기 쓰기

1. ＿＿＿＿＿＿＿＿＿＿＿＿＿＿＿＿＿＿＿＿＿＿＿＿＿
2. ＿＿＿＿＿＿＿＿＿＿＿＿＿＿＿＿＿＿＿＿＿＿＿＿＿
3. ＿＿＿＿＿＿＿＿＿＿＿＿＿＿＿＿＿＿＿＿＿＿＿＿＿
4. ＿＿＿＿＿＿＿＿＿＿＿＿＿＿＿＿＿＿＿＿＿＿＿＿＿

🌙 칭찬일기 쓰기

＿＿＿＿＿＿＿＿＿＿＿＿＿＿＿＿＿＿＿＿＿＿＿＿＿

오늘의 나를 뒤돌아보는 시간

+269

나는 결코 성공에 대해 꿈꾸지 않았다. 나는 꿈을 위해 행동했다.
- 에스티 로더 -

☀ 긍정 확언 3가지

1. 내 안에 평화와 사랑이 가득 차 있다는 것을 알고 있다.
2. 내 생각이 내 삶을 창조한다.
3. 나는 더 멋진 미래로 나아가는 여정 위에 있다.

긍정 확언 필사 다시 쓰기

1. _____
2. _____
3. _____

Q & A

이번 주에 가장 무리했던 일은 무엇인가?

감사일기 쓰기

1. _____
2. _____
3. _____
4. _____

🌙 칭찬일기 쓰기

_____

> 오늘의 나를 뒤돌아보는 시간

+270

독특한 사람이 되려 하지 말아라. 좋은 사람이 되도록 하라.
-폴 랜드-

☀ 긍정 확언 3가지

1. 오늘도 긍정적인 에너지를 발산한다.
2. 나는 내 삶을 100% 책임진다.
3. 나에게 필요한 것은 모두 내 안에 있다.

긍정 확언 필사 다시 쓰기

1. _____
2. _____
3. _____

Q & A

혼자 떠나고 싶은 여행지가 있는가?

감사일기 쓰기

1. _____
2. _____
3. _____
4. _____

🌙 칭찬일기 쓰기

_____

오늘의 나를 뒤돌아보는 시간

+271

더 좋은 것을 쫓기 위해 좋은 것을 버리는 것을 두려워하지 마라.
-존 록펠러-

☼ 긍정 확언 3가지

1. 내가 하는 일을 즐긴다.
2. 나는 좋아하는 일을 하며 경제적 자유를 누릴 것이다.
3. 나 자신과 다른 사람을 신뢰할 수 있다.

긍정 확언 필사 다시 쓰기

1. _____
2. _____
3. _____

Q & A

나에게 고치고 싶은 부분이 있는가?

감사일기 쓰기

1. _____
2. _____
3. _____
4. _____

🌙 칭찬일기 쓰기

_____

오늘의 나를 뒤돌아보는 시간

+272

📅 DATE _____. _____. _____.

⏰ Get Up _____:_____

날지 못하면 달려라. 달리지 못하면 걸어라. 그리고 걷지 못하면 기어라.
당신이 무엇을 하든 앞으로 가야 한다는 것만 명심하라.
- 마틴 루터 킹 주니어 -

☀️ 긍정 확언 3가지

1. 내 삶은 안전하게 보호받고 있다.
2. 내 생각과 감정은 자연스럽다.
3. 나는 평온과 풍요를 누릴 자격이 충분하다.

긍정 확언 필사 다시 쓰기

1. _____
2. _____
3. _____

Q & A

가장 최근에 부모님과 식사한 때는 언제인가?

감사일기 쓰기

1. _____
2. _____
3. _____
4. _____

🌙 칭찬일기 쓰기

_____

오늘의 나를 뒤돌아보는 시간

+273

우리의 최대의 약점은 포기이다.
성공으로 가는 가장 확실한 방법은 언제든지 한 번 더 시도해보는 것이다.
- 토마스 에디슨-

☀ 긍정 확언 3가지

1. 매일 더 나은 나 자신으로 살아가고 있다.
2. 나는 특별한 존재이다.
3. 나 자신을 믿고 의지할 수 있다.

긍정 확언 필사 다시 쓰기

1. _____
2. _____
3. _____

Q & A

마지막으로 읽은 책 속에서 가장 기억에 남는 문장은 무엇인가?

감사일기 쓰기

1. _____
2. _____
3. _____
4. _____

☾ 칭찬일기 쓰기

_____

오늘의 나를 뒤돌아보는 시간

+274

자신을 가장 빨리 변화시키는 방법은
당신이 되고 싶은 모습을 한 사람들과 어울리는 것이다.
-리드 호프만-

☀️ 긍정 확언 3가지

1. 조화와 균형은 나의 자연스러운 상태이다.
2. 나는 최고의 것들을 누릴만한 사람이다.
3. 사람들은 나를 지지하고 응원한다.

긍정 확언 필사 다시 쓰기

1. _____
2. _____
3. _____

Q & A

한 달 살기를 하고 싶은 나라가 있는가?

감사일기 쓰기

1. _____
2. _____
3. _____
4. _____

🌙 칭찬일기 쓰기

_____

오늘의 나를 뒤돌아보는 시간

+ 275

> 돈은 자동차 여행의 휘발유 같은 것이다.
> 여행 중에 휘발유가 떨어지는 것을 원치 않지만,
> 주유소를 찾는 여행을 하고 있는 것은 아니다.
> **-팀 오라일리-**

☀️ 긍정 확언 3가지

1. 나는 자신을 향해 조금씩 더 가슴을 연다.
2. 내게 도움 되지 않는 생각을 하지 않는다
3. 매 순간 가진 것을 인지하고 충만함을 느낀다.

긍정 확언 필사 다시 쓰기

1. _____
2. _____
3. _____

Q & A

하루 중 가장 집중이 잘 되는 시간은 언제인가?

감사일기 쓰기

1. _____
2. _____
3. _____
4. _____

🌙 칭찬일기 쓰기

_____

오늘의 나를 되돌아보는 시간

+276

성공을 꿈꾸는 사람들도 있지만,
매일 아침 일어나 꿈을 실현하는 사람들도 있다.
- 웨인 후이젠가

☼ 긍정 확언 3가지

1. 삶에 대한 통찰력을 키워간다
2. 오늘도 긍정 에너지로 나를 가득 채운다.
3. 누구보다 내가 먼저 나 자신을 인정하고 수용한다.

긍정 확언 필사 다시 쓰기

1. _____
2. _____
3. _____

Q & A

가장 좋아하는 색깔은 무슨 색깔인가?

감사일기 쓰기

1. _____
2. _____
3. _____
4. _____

☾ 칭찬일기 쓰기

_____

오늘의 나를 되돌아보는 시간

+277

무언가를 정말 하고 싶다면, 당신은 방법을 찾을 것이다.
그렇지 않다면 변명을 찾을 것이다.
-짐 론-

☀ 긍정 확언 3가지

1. 나는 자신에게 친절하고 너그럽다.
2. 나는 주체적으로 삶을 영위한다.
3. 과거의 상처 또한 나의 일부로 소중히 받아들인다.

긍정 확언 필사 다시 쓰기

1. _____
2. _____
3. _____

Q & A

두려움을 극복하고 무언가에 도전한 경험이 있는가?

감사일기 쓰기

1. _____
2. _____
3. _____
4. _____

☾ 칭찬일기 쓰기

_____

> 오늘의 나를 뒤돌아보는 시간

+278

진정한 사랑은 자고로 순탄하지 않다.
-윌리엄 셰익스피어-

☼ 긍정 확언 3가지

1. 나는 총명하고 밝게 빛나는 사람이다.
2. 나는 새로운 것들은 거부감 없이 편안하게 받아들인다.
3. 나 자신을 크게 사랑하는 하루를 보낼 것이다.

긍정 확언 필사 다시 쓰기

1. ＿＿＿＿＿＿＿＿＿＿＿＿＿＿＿＿＿＿＿＿＿＿＿＿＿＿＿
2. ＿＿＿＿＿＿＿＿＿＿＿＿＿＿＿＿＿＿＿＿＿＿＿＿＿＿＿
3. ＿＿＿＿＿＿＿＿＿＿＿＿＿＿＿＿＿＿＿＿＿＿＿＿＿＿＿

Q & A

당신의 삶의 원동력은 무엇인가요?

감사일기 쓰기

1. ＿＿＿＿＿＿＿＿＿＿＿＿＿＿＿＿＿＿＿＿＿＿＿＿＿＿＿
2. ＿＿＿＿＿＿＿＿＿＿＿＿＿＿＿＿＿＿＿＿＿＿＿＿＿＿＿
3. ＿＿＿＿＿＿＿＿＿＿＿＿＿＿＿＿＿＿＿＿＿＿＿＿＿＿＿
4. ＿＿＿＿＿＿＿＿＿＿＿＿＿＿＿＿＿＿＿＿＿＿＿＿＿＿＿

☾ 칭찬일기 쓰기

오늘의 나를 뒤돌아보는 시간

+279

누군가는 꿈을 꾸고 있는 동안 다른 누군가는 깨어서 그 꿈을 이룬다.
-모신 자밀-

☀ 긍정 확언 3가지

1. 오늘도 사랑받아야 마땅한 존재이다.
2. 나는 지금 있는 이대로 완벽하다.
3. 내 앞에 모든 어려움에서 배울 것을 찾도록 하자.

긍정 확언 필사 다시 쓰기

1. _____
2. _____
3. _____

Q & A

노력이 상황을 바꿀 수 있다고 생각하는가?

감사일기 쓰기

1. _____
2. _____
3. _____
4. _____

🌙 칭찬일기 쓰기

_____

오늘의 나를 되돌아보는 시간

+280

> 좋아하는 직업을 택하면 평생 하루도 일하지 않아도 될 것이니라.
> **-공자-**

☀ 긍정 확언 3가지

1. 모든 답이 내게 있음을 매 순간 기억하자.
2. 복잡한 마음이 비워져 모든 걸 원하는 방향으로 볼 수 있도록 하자.
3. 쉬어가야 할 때와 움직여야 할 때를 구분할 수 있도록 하자.

긍정 확언 필사 다시 쓰기

1. _____
2. _____
3. _____

Q & A

외롭다고 느낄 때는 언제인가?

감사일기 쓰기

1. _____
2. _____
3. _____
4. _____

🌙 칭찬일기 쓰기

_____

오늘의 나를 뒤돌아보는 시간

+281

어제와 똑같이 살면서 다른 내일을 기대하는 것은 정신병 초기 증세이다.
-아인슈타인-

☼ 긍정 확언 3가지

1. 나는 운이 좋다.
2. 오늘 나에게 일어나는 행운을 마음껏 누린다.
3. 행운의 주인공은 바로 나다.

긍정 확언 필사 다시 쓰기

1. ＿＿＿＿＿＿＿＿＿＿＿＿＿＿＿＿＿＿＿＿＿＿＿＿＿＿＿
2. ＿＿＿＿＿＿＿＿＿＿＿＿＿＿＿＿＿＿＿＿＿＿＿＿＿＿＿
3. ＿＿＿＿＿＿＿＿＿＿＿＿＿＿＿＿＿＿＿＿＿＿＿＿＿＿＿

Q & A

기쁠 때 끌어안고 싶은 사람이 있는가?

감사일기 쓰기

1. ＿＿＿＿＿＿＿＿＿＿＿＿＿＿＿＿＿＿＿＿＿＿＿＿＿＿＿
2. ＿＿＿＿＿＿＿＿＿＿＿＿＿＿＿＿＿＿＿＿＿＿＿＿＿＿＿
3. ＿＿＿＿＿＿＿＿＿＿＿＿＿＿＿＿＿＿＿＿＿＿＿＿＿＿＿
4. ＿＿＿＿＿＿＿＿＿＿＿＿＿＿＿＿＿＿＿＿＿＿＿＿＿＿＿

☾ 칭찬일기 쓰기

＿＿＿＿＿＿＿＿＿＿＿＿＿＿＿＿＿＿＿＿＿＿＿＿＿＿＿＿＿

오늘의 나를 뒤돌아보는 시간

+282

> 오늘 부끄럽지 않은 하루를 보냈는가는
> 사랑하는 사람들이 널 위해 간절히 응원을 보내는 이 순간에
> 너는 그들의 기도에 화답할 준비가 되어 있느냐 이 말이다.
> **-미상-**

☀ 긍정 확언 3가지

1. 오늘도 새로운 목표를 새우고 그것을 향해 나아간다.
2. 하루 크게 10번 웃어 보자.
3. 일어나는 모든 일에 큰 가능성으로 마음의 문을 연다.

긍정 확언 필사 다시 쓰기

1. ＿＿＿＿＿＿＿＿＿＿＿＿＿＿＿＿＿＿＿＿＿＿＿＿＿
2. ＿＿＿＿＿＿＿＿＿＿＿＿＿＿＿＿＿＿＿＿＿＿＿＿＿
3. ＿＿＿＿＿＿＿＿＿＿＿＿＿＿＿＿＿＿＿＿＿＿＿＿＿

Q & A

집이란 나에게 어떤 의미인가?

감사일기 쓰기

1. ＿＿＿＿＿＿＿＿＿＿＿＿＿＿＿＿＿＿＿＿＿＿＿＿＿
2. ＿＿＿＿＿＿＿＿＿＿＿＿＿＿＿＿＿＿＿＿＿＿＿＿＿
3. ＿＿＿＿＿＿＿＿＿＿＿＿＿＿＿＿＿＿＿＿＿＿＿＿＿
4. ＿＿＿＿＿＿＿＿＿＿＿＿＿＿＿＿＿＿＿＿＿＿＿＿＿

🌙 칭찬일기 쓰기

＿＿＿＿＿＿＿＿＿＿＿＿＿＿＿＿＿＿＿＿＿＿＿＿＿＿＿＿＿

오늘의 나를 뒤돌아보는 시간

+283

DATE _____. _____. _____.

Get Up _____:_____

> 내가 알고 있는 최대의 비극은
> 많은 사람이 자기가 진정으로 하고 싶은 일이 무엇인지
> 알지 못하고 있다는 것이다.
> **-카네기-**

☀ 긍정 확언 3가지

1. 나는 내면의 자아에 감사하며 무한한 사랑에도 감사하다.

2. 작은 그릇에서 점차 큰 그릇으로 키워가며 나의 그릇을 잘 사용한다.

3. 나는 행복한 하루를 보낼 것이라고 다짐한다.

긍정 확언 필사 다시 쓰기

1. _____
2. _____
3. _____

Q & A

오늘을 세 단어로 정리해본다면?

감사일기 쓰기

1. _____
2. _____
3. _____
4. _____

☾ 칭찬일기 쓰기

_____

오늘의 나를 뒤돌아보는 시간

+284

당신의 운명이 결정되는 것은 결심하는 그 순간이다.
-앤서니 라빈스-

☀ 긍정 확언 3가지

1. 나는 사랑 받고 있다.
2. 나의 마음을 살피며 관찰해본다.
3. 모든 일의 결과가 좋을 것이다.

긍정 확언 필사 다시 쓰기

1. ＿＿＿＿＿＿＿＿＿＿＿＿＿＿＿＿＿＿＿＿＿＿＿＿＿＿
2. ＿＿＿＿＿＿＿＿＿＿＿＿＿＿＿＿＿＿＿＿＿＿＿＿＿＿
3. ＿＿＿＿＿＿＿＿＿＿＿＿＿＿＿＿＿＿＿＿＿＿＿＿＿＿

Q & A

세상이 흥미롭다고 느꼈을 때는 언제인가?

감사일기 쓰기

1. ＿＿＿＿＿＿＿＿＿＿＿＿＿＿＿＿＿＿＿＿＿＿＿＿＿＿
2. ＿＿＿＿＿＿＿＿＿＿＿＿＿＿＿＿＿＿＿＿＿＿＿＿＿＿
3. ＿＿＿＿＿＿＿＿＿＿＿＿＿＿＿＿＿＿＿＿＿＿＿＿＿＿
4. ＿＿＿＿＿＿＿＿＿＿＿＿＿＿＿＿＿＿＿＿＿＿＿＿＿＿

🌙 칭찬일기 쓰기

＿＿＿＿＿＿＿＿＿＿＿＿＿＿＿＿＿＿＿＿＿＿＿＿＿＿＿

> 오늘의 나를 뒤돌아보는 시간

+285

네가 가진 최고의 것을 주라. 물론 그것은 절대 충분하지 않을 것이다.
그래도 최고의 것을 주라.
-마더 테레사-

☀️ 긍정 확언 3가지

1. 무엇을 경험하더라도 항상 안전하다.
2. 오늘도 조금씩 발전하는 나 자신을 느껴보자.
3. 내 안에는 성공에 필요한 모든 요소가 갖춰져 있다.

긍정 확언 필사 다시 쓰기

1. _____
2. _____
3. _____

Q & A

내가 동경하는 직업은 무엇인가?

감사일기 쓰기

1. _____
2. _____
3. _____
4. _____

🌙 칭찬일기 쓰기

_____

오늘의 나를 되돌아보는 시간

+286

모른다고 묻기를 부끄러워하면 끝까지 모르게 된다.
-이정수언-

☼ **긍정 확언 3가지**

1. 나는 실패에 대한 두려움이 없다.
2. 나의 모든 경험에는 배울 것이 있다.
3. 내가 내딛는 모든 발걸음에는 강한 성공의 힘이 있다.

긍정 확언 필사 다시 쓰기

1. _____
2. _____
3. _____

Q & A

나의 요즘 컨디션은 어떤가?

감사일기 쓰기

1. _____
2. _____
3. _____
4. _____

🌙 **칭찬일기 쓰기**

_____

오늘의 나를 뒤돌아보는 시간

+287

> 우유부단이야말로 성공을 가로막는 최대의 적이다.
> 성공하는 사람들은 신속한 결단력의 소유자다.
> **-나폴레온 힐-**

☀ 긍정 확언 3가지

1. 나는 점점 변화해가며 성장하는 나를 사랑한다.
2. 언제나 나를 향한 강한 믿음이 있다.
3. 내 삶의 목적들을 느끼며 받아들이고 실천한다.

긍정 확언 필사 다시 쓰기

1. _____
2. _____
3. _____

Q & A

나를 미워하는 사람에게 하고 싶은 말이 있다면 어떤 말인가?

감사일기 쓰기

1. _____
2. _____
3. _____
4. _____

🌙 칭찬일기 쓰기

_____

오늘의 나를 뒤돌아보는 시간

📅 DATE _____. _____. _____.

⏰ Get Up _____:_____

인간은 항상 시간이 모자란다고 불평하면서 마치 시간이 무한정 있는 것처럼 행동한다.
-세네카-

☀ 긍정 확언 3가지

1. 나는 진정한 나의 모습으로 사는 게 너무 행복하다.
2. 나의 삶은 늘 우주의 힘에서 조화롭게 잘 흘러간다.
3. 내가 원하는 삶을 살 수 있다.

긍정 확언 필사 다시 쓰기

1. _____
2. _____
3. _____

Q & A

나의 인생을 책으로 쓴다면 어떤 제목으로 지으면 좋을까?

감사일기 쓰기

1. _____
2. _____
3. _____
4. _____

🌙 칭찬일기 쓰기

_____

오늘의 나를 뒤돌아보는 시간

+289

성공하는 이는 실패하는 이가 하기 싫어하는 것을 하는 습관이 있다.
-토머스 에디슨-

☀ 긍정 확언 3가지

1. 나 자신을 받아들이고 사랑한다.
2. 내 삶의 주변에는 늘 사랑이 흘러넘친다.
3. 나는 사랑이 가득하고 건강한 사람들을 끌어들인다.

긍정 확언 필사 다시 쓰기

1. _____
2. _____
3. _____

Q & A

올해 가장 기억에 남는 일은 무엇인가?

감사일기 쓰기

1. _____
2. _____
3. _____
4. _____

🌙 칭찬일기 쓰기

_____

> 오늘의 나를 뒤돌아보는 시간

반복은 천재를 낳고 믿음은 기적을 낳는다.
-박세리-

☼ **긍정 확언 3가지**

1. 나에겐 좋은 친구들이 참 많다.
2. 나는 내가 만나는 모든 사람의 인생을 풍요롭게 한다.
3. 나에게 오는 모든 좋은 것들을 받아들인다.

긍정 확언 필사 다시 쓰기

1. _____
2. _____
3. _____

Q & A

복권에 당첨된다면 가장 하고 싶은 것은 무엇인가?

감사일기 쓰기

1. _____
2. _____
3. _____
4. _____

☾ **칭찬일기 쓰기**

_____

오늘의 나를 뒤돌아보는 시간

+291

DATE _____. _____. _____.

Get Up _____:_____

매일 최상의 날을 사는 것이 바로 성공이다.
-미상-

☼ 긍정 확언 3가지

1. 내 마음은 사랑으로 가득 차 있다.
2. 나는 언제나 사랑이 생겨난다.
3. 나는 주변 사람들로부터 사랑받는 존재이다.

긍정 확언 필사 다시 쓰기

1. _____
2. _____
3. _____

Q & A

올해 버킷리스트를 잘 이루고 있는가?

감사일기 쓰기

1. _____
2. _____
3. _____
4. _____

☾ 칭찬일기 쓰기

_____

오늘의 나를 뒤돌아보는 시간

317

+292

위대한 일을 위해서는 대단한 도전이 필요하지 않다.
단지 순간순간의 작은 도전이 모여 위대한 일을 이루어간다.
-모션 코치-

☀ 긍정 확언 3가지

1. 오늘도 내가 가진 모든 것에 감사하다.
2. 나는 부자가 될 가치가 있다.
3. 나는 내가 꿈꾸는 삶을 살아가고 있다.

긍정 확언 필사 다시 쓰기

1. _____
2. _____
3. _____

Q & A

화해하고 싶은 사람이 있는가?

감사일기 쓰기

1. _____
2. _____
3. _____
4. _____

🌙 칭찬일기 쓰기

_____

오늘의 나를 뒤돌아보는 시간

+293

힘이 드는가? 하지만 오늘 걷지 않으면 내일은 뛰어야 한다.
-카롤레스 푸욜-

☀ 긍정 확언 3가지

1. 나는 진정으로 행복하고 성공하는 것이 기쁘고 감사하다.
2. 나의 세상에서는 풍요가 넘쳐흐른다.
3. 나는 내가 좋아하는 일을 한다.

긍정 확언 필사 다시 쓰기

1. _____
2. _____
3. _____

Q & A

나의 가슴을 뛰게 하는 무언가가 있는가?

감사일기 쓰기

1. _____
2. _____
3. _____
4. _____

🌙 칭찬일기 쓰기

_____

오늘의 나를 되돌아보는 시간

+294

모자라는 부분을 채워가는 것이 행복이다.
-로버트 프로스트-

☀️ 긍정 확언 3가지

1. 나는 딱 맞는 상황에서 꼭 필요한 일을 하게 될 것이다.
2. 오늘도 기적 같은 하루를 만들자.
3. 나는 자연스럽게 성공할 수 있을 거라 믿는다.

긍정 확언 필사 다시 쓰기

1. _____
2. _____
3. _____

Q & A

가족과 함께 나눈 즐거웠던 추억 한 가지는 무엇인가?

감사일기 쓰기

1. _____
2. _____
3. _____
4. _____

🌙 칭찬일기 쓰기

_____

오늘의 나를 뒤돌아보는 시간

+295

다른 사람을 비난하지 마라. 비난이란 집비둘기와 같다.
집비둘기는 반드시 집으로 돌아온다.
-카네기-

☀ 긍정 확언 3가지

1. 나는 완벽한 성공을 누릴 것이다.
2. 내가 원하는 것을 의도하면 모든 것을 이룰 수 있다.
3. 아침도 행복하게 시작해서 감사하다.

긍정 확언 필사 다시 쓰기

1. _____
2. _____
3. _____

Q & A

나의 인생 영화는 무엇이고, 그 이유는?

감사일기 쓰기

1. _____
2. _____
3. _____
4. _____

🌙 칭찬일기 쓰기

_____

오늘의 나를 뒤돌아보는 시간

+296

> 원하는 것이 있다면 절대 포기하지 마라. 그리고 이것을 기억하라.
> 큰 꿈을 가진 사람은 현실의 모든 지식을 알고 있는 사람보다
> 더 큰 힘을 가지고 있다는 것을….
> **- 한 줄 명언-**

☀️ 긍정 확언 3가지

1. 사랑을 나누는 기쁨을 느끼며 경험하고 있다.
2. 나는 자유로운 사랑의 영혼이다.
3. 내 마음속 사랑을 주변 사람들에게 크게 베풀 수 있다.

긍정 확언 필사 다시 쓰기

1. _____
2. _____
3. _____

Q & A

나의 이름으로 삼행시를 짓는다면?

감사일기 쓰기

1. _____
2. _____
3. _____
4. _____

🌙 칭찬일기 쓰기

_____

> 오늘의 나를 뒤돌아보는 시간

+297

꿈을 놓치지 마라.
꿈이 없는 새는 아무리 튼튼한 날개가 있어도 날지 못하지만
꿈이 있는 새는 깃털 하나만 갖고도 하늘을 날 수 있다.
-강수진 <나는 내일을 기다리지 않는다>-

☀ 긍정 확인 3가지

1. 나의 일을 통해 기쁨과 성취감을 느낀다.

2. 풍요와 안전, 기쁨과 행복 속에서 삶을 즐긴다.

3. 나의 사랑은 평생 마르지 않는 아름다운 샘물이다,

긍정 확인 필사 다시 쓰기

1. _____
2. _____
3. _____

Q & A

실패했지만 이겨내고 다시 일어난 경험이 있는가?

감사일기 쓰기

1. _____
2. _____
3. _____
4. _____

🌙 칭찬일기 쓰기

_____

오늘의 나를 뒤돌아보는 시간

+298

커다란 행복을 느끼려면 큰 고통과 불행을 먼저 가져야 한다.
그렇지 않으면 이게 행복인지 어떻게 알겠는가.
-레슬리 카론-

☀ 긍정 확언 3가지

1. 나는 자신을 진정으로 사랑하고 아끼고 있다.
2. 나는 내면의 목소리에 더욱 귀 기울여 본다.
3. 나의 감정에 더 크게 집중한다.

긍정 확언 필사 다시 쓰기

1. _____
2. _____
3. _____

Q & A

내가 도저히 참을 수 없는 것은 무엇인가?

감사일기 쓰기

1. _____
2. _____
3. _____
4. _____

🌙 칭찬일기 쓰기

_____

오늘의 나를 뒤돌아보는 시간

+299

근심하지 마라. 근심은 인생을 그늘지게 한다.
-요한 하인리히 페스탈로치-

☀ 긍정 확언 3가지

1. 나를 스스로 칭찬해주고 시작하자.
2. 나는 장애물을 훌쩍 뛰어넘을 수 있는 능력이 있다.
3. 내 인생의 장애물이 모두 사라졌다.

긍정 확언 필사 다시 쓰기

1. _____
2. _____
3. _____

Q & A

내년에 이루고 싶은 것들은 무엇인가?

감사일기 쓰기

1. _____
2. _____
3. _____
4. _____

🌙 칭찬일기 쓰기

_____

오늘의 나를 뒤돌아보는 시간

+300

믿음이 있으면 산을 움직일 수 있으며, 불신은 자기 자신의 실존까지도 부인한다.
-A. 센베르크-

☀️ **긍정 확언 3가지**

1. 나는 장애물을 뛰어넘어 가능성으로 나아간다.
2. 나는 항상 긍정적인 삶을 선택한다.
3. 오늘 하루도 에너지가 넘치고 건강한 하루를 보낼 것이다.

긍정 확언 필사 다시 쓰기

1. _____
2. _____
3. _____

Q & A

이 책을 쓰면서 변화한 것들이 있는가?

감사일기 쓰기

1. _____
2. _____
3. _____
4. _____

🌙 **칭찬일기 쓰기**

_____

오늘의 나를 뒤돌아보는 시간

—

감사의 말

안녕하세요. 이 '감사의 말'을 읽으신다면, 이미 여러분은 이 책을 전부 다 쓰고 난 뒤겠지요? 쓰기 전과 후의 삶이 어떻게 바뀌었나요? 저는 매일 글을 쓰면서 삶이 놀랍게 달라지는 기적들을 경험하고 있습니다.

이 책에는 긍정 에너지가 풍부한 긍정의 말투로 가득합니다. 여러분은 자신의 감정을 표현하기 위해 이 책을 펼쳤을 수도 있고, 조금씩 변화되어가는 본인의 삶이 신기하기도 하여 펼쳤을 수도 있습니다.

어느덧 300일이라는 시간 동안 포기하지 않고 본인의 긍정적인 에너지로 가득 채운 글들이, 나 자신에게 주는 최고의 선물이 되었으면 좋겠습니다. :)

평생 행복할 수 있도록 일상 속의 소소한 즐거움들을 음미하는 능력을 키우고 싶은 사람들에게 이 책을 바칩니다.

이 책을 매일 읽고 쓴다면 당신의 인생에 아주 많은 변화와 기적이 일어나는 것을 볼 수 있을 것입니다.

지은이 **민가영**

'어떻게 하면 사람들에게 긍정적이고 선한 영향력을 끼칠 수 있을까?'를 오랫동안 고민한 저자는 미라클 모닝에서 그 답을 찾았다.
아침에 일찍 일어나 그날의 하루를 계획하고, 긍정 확언을 외치며 감사일기를 쓰면 쓸수록 삶은 180도 바뀌었기에 이 기적을 함께 나누고 공유하고자 이 책을 썼다.
이 책을 사용하는 사람들이 영원히 가치 있는 삶을 살길 원하며, 본인을 사랑해 주고 아껴주며 당당하게 하고 싶은 모든 일을 해내 성공하기를 바라는 마음이다.
현재는 인스타그램에서 팔로워 약 12만 명을 보유한 인플루언서로, 프리랜서로서 다양한 활동을 하고 있으며 패션 브랜드 "Yourway"를 이끌어 가고 있다.

인스타그램 @ka_young2000

가,ㅇ영
영원히 가치있는 첫 성장일기

발행   2023년 2월 24일 초판 1쇄
            2024년 1월 10일 개정 1쇄

지은이   민가영
펴낸곳   헤르몬하우스
펴낸이   최영민
인쇄제작 미래피앤피

주소   경기도 파주시 신촌로 16
전화   031-8071-0088
팩스   031-942-8688
전자우편 hermonh@naver.com
등록일자 2015년 03월 27일
등록번호 제406-2015-31호

ISBN   979-11-92520-77-3 (13190)